《红岩》导读

高杨 编著

团结出版社
UNITY PRESS

图书在版编目（ＣＩＰ）数据

《红岩》导读 / 高杨编著 . -- 北京：团结出版社，
2025.5. -- ISBN 978-7-5234-1691-4

Ⅰ . I247.5

中国国家版本馆 CIP 数据核字第 2025W43V90 号

责任编辑：郭德艺
封面设计：紫英轩文化

出　版：团结出版社
　　　　　（北京市东城区东皇城根南街 84 号　邮编：100006）
电　话：（010）65228880　65244790
网　址：http: //www.tjpress.com
E-mail：zb65244790@vip.163.com
经　销：全国新华书店
印　装：三河市冠宏印刷装订有限公司

开　本：160mm×230mm　　16 开
印　张：9　　　　　　　　字　数：144 千字
版　次：2025 年 5 月　第 1 版　　印　次：2025 年 5 月　第 1 次印刷

书　号：978-7-5234-1691-4
定　价：36.80 元
　　　　　（版权所属，盗版必究）

写在前面

根据《义务教育语文课程标准（2022年版）》对整本书阅读的要求，结合《红岩》的革命历史主题和文学价值，我们希望读者在阅读过程中，能够把握以下重点：

一、阅读目标与核心素养培育

（一）整体感知与理解

1. 梳理小说情节脉络，对于小说中的主要人物、主要情节要做到胸中有数。具体来说，可以通过标注关键事件来掌握全书重点内容。

2. 理解"红岩精神"的内涵，结合文本分析其时代意义与当代价值。

（二）思维能力提升与审美鉴赏

1. 在对《红岩》进行整体性阅读的基础上，对作品中的人物形象、语言特色、艺术手法、情节推进等做局部分析，从而提升批判性思维与文学鉴赏水平。

2. 结合实践活动积极开展思辨性阅读，用个性化的解读方式与多元的视角深入阅读《红岩》，如举行探讨作品主题的读书会、编演《红岩》小剧场等。

（三）精神传承与历史反思

深入了解作品的历史背景（重庆解放前夕的革命斗争岁月），深刻体悟革命先烈们坚如磐石的信仰以及无私无畏的牺牲精神，传承珍贵的红色基因，强化家国情怀。同时紧密联系当下现实生活，深入思索革命精神在当代所蕴含的现实意义，发掘"红岩精

神"在当代的实践价值。

二、考试命题走向

（一）减少机械性考查内容

降低对作者、背景等记忆性内容的考查比重，将重点倾斜至对人物动机、主题思想的理解考查上。

（二）强化综合性与实践性

通过创设情境化试题，如"为江姐撰写颁奖词"，开展文本对比分析，如对比《红岩》与《红星照耀中国》的异同点，以此检验学生的知识应用能力。

（三）突出价值观导向

引导学生结合现实生活，思考如何传承革命精神，切实体现"以文化人"的教育目标。

目录
CONTENTS

第一单元　走近《红岩》

一、作品概况 …………………………………………… 2

二、作者介绍 …………………………………………… 4

三、创作背景 …………………………………………… 5

四、历史原型 …………………………………………… 5

五、书名的象征意义 …………………………………… 8

六、作品主题思想 ……………………………………… 9

第一单元练习题 ……………………………………… 10

第二单元　内容总览

一、结构导图 …………………………………………… 14

二、章节概览 …………………………………………… 16

第二单元练习题 ……………………………………… 83

第三单元　阅读提升

一、人物形象解析 ……………………………………… 86

二、艺术特色与赏析……………………………… 105

三、主题思想与价值观…………………………… 109

第三单元练习题…………………………………… 113

第四单元 阅读探究

一、相关名著共读………………………………… 118

二、情景阅读……………………………………… 122

第四单元练习题…………………………………… 124

综合测试题………………………………………… 126

参考答案…………………………………………… 130

第一单元：走近《红岩》

　　本部分对《红岩》的作品概况、时代背景等作了详细梳理，旨在帮助读者们对全书有概览式的掌握。《红岩》有着丰富的文学价值和精神价值，它不仅是记录着中国革命斗争的红色经典，更是唤醒民族记忆的文学丰碑。作者罗广斌、杨益言作为渣滓洞监狱的幸存者，以血火淬炼的笔触再现 1948 年重庆地下党的生死抗争。

一、作品概况

1.《红岩》其书

《红岩》是作家**罗广斌、杨益言**根据自己被囚禁于国统区监狱渣滓洞和白公馆的真实经历与见闻创作的一部**长篇革命历史小说，1961 年 12 月首版**。本书塑造了许多经典的艺术形象，主要人物有：**许云峰、江姐（江雪琴）、成岗、刘思扬、"小萝卜头"、华子良；甫志高、徐鹏飞**。

2.《红岩》的文学地位

《红岩》是一部具有重要文学地位的红色经典，它兼具历史记录性与文学艺术性，**以 1948 年至 1949 年重庆解放前夕，重庆地下党同国民党反动派的斗争为背景**，运用了多种文学手法，塑造了众多鲜明生动的人物形象，真实地反映了中国共产党领导下的地下斗争和狱中斗争的历史。《红岩》出版后迅速成为革命教育的范本，**被誉为"共产主义教科书"**。其塑造的英雄形象（如江姐、"小萝卜头"等）深入人心，影响了几代中国人的精神世界。2019 年 9 月 23 日，《红岩》入选**"新中国 70 年 70 部长篇小说典藏"**。

3.《红岩》的艺术特色

《红岩》具有独特的历史与文学价值、深刻的精神内涵和广泛的影响力，其艺术特色主要有以下几个方面：

结构宏伟、情节跌宕。《红岩》的结构错综复杂又富于变化，全书通过一些重点人物的活动，将重庆地下党员同国民党反动派在白公馆、渣滓洞集中营的斗争、重庆地下党领导的工人运动和学生运动，以及华蓥山革命根据地的武装斗争等三条线索交织成一个整体。

通过细腻的心理描写刻画人物。小说通过对人物的心理活动进行细腻描写塑造人物，如江姐看见牺牲的丈夫彭松涛的头颅时，她既震惊又悲痛，同时还要保持镇定以免被敌人发现异样的复杂的心理活动。这段心理描写既凸显了江姐与丈夫的感情深厚，同时也显示出江姐作为革命者的政治素养和以江姐夫妇为缩影的中国革命者拥有着"舍小家为大家"的巨大牺牲精神。

用平实的语言表达浓烈的情感。小说的语言风格朴实无华，却富有浓烈的感情色彩，在对人物进行语言描写时，往往采用极具诗情的语句，如江姐面临敌人拷打时所说的，"毒刑拷打是太小的考验，竹签子是竹做的，共产党员的意志是钢铁"。这种语言风格与小说所表现的革命斗争主题相得益彰，使得作品将历史真实性与革命浪漫主义相结合，从而更好地感染读者。

矛盾冲突惊心动魄。小说营造了地下党与特务反动派两大阵营，通过一系列惊心动魄的斗争场面，如狱中绝食斗争、成岗办"狱中挺进报"被特务发现、江姐从容就义、许云峰在地牢里同徐鹏飞的最后一次交锋，以及众人武装越狱斗争等，塑造了众多可歌可泣、令人难忘的革命英雄形象，深刻展示了革命者的崇高精神境界和思想光辉。

深刻的思想内涵。《红岩》不仅是一部革命历史小说，更是一部深刻探讨人性、信仰与牺牲的文学作品。它通过对革命者同黑暗反动势力英勇斗争的描写，深刻揭示了共产主义信仰的力量和革命者在革命斗争中显示出的光辉与伟岸。同时，作品也借助对反面人物的描写反思了人性的复杂与多面。

二、作者介绍

《红岩》由罗广斌（1924—1967）和杨益言（1925—2017）共同创作。罗广斌出生于四川忠县（今属重庆市），出身封建官僚家庭，父母皆系国民党员，哥哥更是蒋介石嫡系将领。1944年初，罗广斌在马识途的帮助下进入西南联大附中读书，由此开始接触革命思想，结交革命青年与共产党人。1945年，罗广斌在马识途的介绍下加入了"民青社"（中共地下外围组织），并在学生运动中发挥巨大作用。1948年，他正式加入中国共产党，同年，因叛徒的出卖而被捕，辗转囚禁于渣滓洞、白公馆集中营。在狱中，他拒绝其兄罗广文的保释，坚持斗争，并与难友秘密制作五星红旗迎接解放。1949年11月27日，在国民党反动派制造的大屠杀中，他成功策反看守人员杨钦典，带领难友越狱。

杨益言原籍四川武胜县，青年时期参加学生运动，1948年因参加进步活动被捕，被关押于渣滓洞，重庆解放前夕获救。

新中国成立初期，为对广大青年进行革命传统教育，罗广斌、杨益言根据自身狱中经历，与刘德彬合作撰写报告文学《圣洁的血花》（1950年）及回忆录《在烈火中永生》（1959年）。后来，罗广斌、杨益言又以《在烈火中永生》为蓝本创作了长篇小说《红岩》。小说以重庆解放前夕的狱中斗争为主线，塑造了江姐、许云峰等英雄形象，讴歌了共产党人"宁难不苟"的革命气节与信仰力量。1961年《红岩》出版后轰动全国，被誉为"共产主义的奇书"。作为红色经典，它被译成多国文字广泛传播。《红岩》作为中国当代文学的重要里程碑，至今仍是传承"红岩精神"的核心载体，具有深远的教育意义。

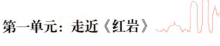

三、创作背景

该小说以 **1948—1949 年解放战争时期**，重庆地下党同国民党反动派的斗争为创作背景。解放战争末期，国民党政权濒临崩溃，但在国统区（尤其是重庆），国民党仍然在残酷镇压革命、残害革命党，他们还通过军统、中统等特务机构大肆逮捕和迫害共产党员及进步人士。故事发生的主要场所：重庆的渣滓洞、白公馆监狱，位于重庆西部沙坪坝区歌乐山下。这里关押了大量受迫害人士，这些人包括共产党员、进步学生等爱国人士。1949 年 11 月 27 日，国民党在溃逃前对被关押者实施了集体屠杀（即"11·27 大屠杀"），仅少数人幸存。罗广斌、杨益言正是这些幸存者中的两位。

新中国成立后，罗广斌、杨益言与同为幸存者的刘德彬共同创作了革命回忆录《在烈火中永生》，书中如实记录了他们在狱中的所闻及亲身遭遇。

四、历史原型

1. 小说主线原型

《红岩》作为一部革命历史小说，其人物和事件大多基于**真实历史原型**，主要取材于 20 世纪 40 年代重庆地下党斗争及渣滓洞、白公馆集中营中共产党人的真实经历。1948 年重庆地下党机关报《挺进报》被国民党查获，导致 133 人被捕，成为小说中《挺进报》斗争的主线原型。

2. 主要人物核心原型

（1）江姐（江雪琴）

原型：**江竹筠**（1920—1949），川东地下党联络员，1948 年因叛徒出卖被捕。国民党特务对她施尽酷刑，江竹筠却凭借着坚强的意志始终不肯屈服，1949 年 11 月 14 日牺牲于重庆渣滓洞集中营附近的电台岚垭。

（2）许云峰

原型：**许建业**（1920—1948），重庆工运领袖，1948 年因"《挺进报》事件"被捕，酷刑下未招供，被枪决；**罗世文**（1904—1946），川康特委书记，狱中建立秘密党支部，1946 年被害。许云峰在地牢斗争与领导智慧融合了两位历史原型人物的事迹。

（3）成岗

原型：**陈然**（1923—1949），先后担任《挺进报》特支组织委员、书记。1948 年 4 月 22 日，同《红岩》书中情节那样，陈然因叛徒出卖被特务逮捕，遂被关押于白公馆监狱。狱中，他受尽折磨却宁死不屈，写下著名诗篇《我的"自白"书》。他还将从国民党高级将领黄显声处获取的消息写在纸条上，秘密传递给难友，这些纸条被称作"狱中挺进报"。1949 年 10 月 28 日，他在重庆渣滓洞附近的大坪刑场被国民党特务杀害。刑场上，他横眉冷对，用被反绑的双手扯下背上的死因标签，喝令"从正面向我开枪"，敌人称其为"慷慨悲歌之士"。

（4）"双枪老太婆"

原型：**陈联诗**（1900—1960），四川岳池县人，她是川东华蓥山游击纵队的主要创建者与领导者之一，能使双枪，多次参与并领导华蓥山武装起义，为中国的革命事业作出了卓越的贡献。**邓**

惠中（1904—1949），原名张惠中，华蓥山游击队的组织者、培训者和指挥员，"双枪老太婆"的名号叫敌人丧胆。刘隆华（1921—2004）：参与领导了华蓥山起义。"双枪老太婆"的艺术形象共同融合了她们三人的性格、事迹、生平经历等。

（5）华子良

原型：韩子栋（1908—1992），中共地下党员，狱中装疯14年，1947年借外出买菜的时机逃脱。韩子栋在被捕前主要卧底在国民党特务组织"蓝衣社"进行地下工作，而书中给他的身份是前华蓥山根据地党委书记，并且还艺术虚构了他和"双枪老太婆"之间的夫妇关系。

（6）"小萝卜头"（宋振中）

原型：宋振中（1941—1949），父亲为杨虎城的秘书宋绮云，母亲为徐林侠。"小萝卜头"8个月大随母入狱，被害时不满9岁，重庆解放后被追认为革命烈士。遇害时，"小萝卜头"手中还紧握着狱中老师给他的半截铅笔。

（7）甫志高

原型：任达哉（？—1949）、冉益智（1909—1951）。甫志高是《红岩》中的叛徒，原为重庆地下党员，但因被捕后不堪严刑拷打而叛变，交代出了许云峰、江雪琴（江姐）等人，对地下党网络造成了极大的破坏。他自私自利、贪生怕死，缺乏革命信仰和牺牲精神，最终走上了背叛革命的道路，成为革命队伍中的败类。

3.关键事件原型

（1）狱中斗争

秘密党支部：罗世文、车耀先、韩子栋（华子良的原型）等在贵州息烽集中营建立狱中党组织，传递消息、策划斗争。

绣红旗事件：1949 年 10 月 7 日，黄显声将军带来新中国成立消息，罗广斌联合狱中难友一起用被面绣红旗（真实发生在白公馆，小说移植到渣滓洞，这是一种艺术处理手法，为了让情节更加集中和典型化）。

（2）大屠杀与脱险

"11·27"屠杀：1949 年 11 月 27 日，国民党反动派在溃逃前夕，对关押在重庆渣滓洞、白公馆等监狱的革命者进行的有组织、有预谋的集体大屠杀。

幸存者：在这场大屠杀中，遇害人数达 300 人，仅少数人幸存，包括罗广斌和杨益言这两位作者等。

五、书名的象征意义

本书以《红岩》为书名，用"红"和"岩"这两个简单却极具象征性和概括性的文字，暗示了小说的主题，凸显了小说的精神内涵。"红"不仅代表着革命者**为革命事业贡献出的鲜血**，同时也代表着以中国共产党为领导核心的**红色革命力量**。"岩"则象征着革命者们**坚韧刚强和不可动摇的意志**，革命志士们在敌人的残酷迫害和极端恶劣的环境下，始终坚守信仰，毫不屈服，如岩石般**坚定不移**。"红岩"是"红岩精神"的**象征性实体**，它不仅是一个革命历史地标（以重庆红岩革命纪念馆为代表的红色遗址群）的符号化表达，更象征着以江姐、许云峰等为代表的革命先烈们在渣滓洞、白公馆等特殊环境中所展现出的**伟大坚韧的革命精神**，如坚贞不屈、视死如归、团结协作、勇于牺牲、英勇斗争等。这种精神是中国革命精神的重要组成部分，激励着一代又一代的中国人为了国家的繁荣富强和民族的伟大复兴而努力奋斗。

六、作品主题思想

《红岩》以解放战争后期（重庆解放前夕）的重庆地下斗争为叙事主线，通过塑造江姐、许云峰等典型人物，展现了革命者在极端困境中的精神坚守。面对敌人的酷刑与利诱，这些共产党人用血肉之躯践行着对理想的忠诚，他们为争取民族独立与人民解放所展现的钢铁意志，成为革命信仰最悲壮的注脚。作品通过对比手法，既揭露了国民党统治集团的腐朽残暴，也印证了正义力量终将胜利的历史规律。这部红色经典不仅真实再现了黎明前的黑暗岁月，更以炽热的革命情怀唤起当代人对和平的珍视，激励新时代建设者传承先烈精神，在民族复兴征程中续写奋斗篇章。

第一单元练习题

一、选择题

1. 以下关于罗广斌经历的描述，正确的是（　　）。

A. 因受叛徒出卖而被捕

B. 因参加学生运动被捕入渣滓洞

C. 在狱中装疯卖傻传递情报

D. 1949 年"11·27 大屠杀"中牺牲

2.《红岩》中"江姐"的核心历史原型是（　　）。

A. 杨汉秀　　　　　　　B. 李青林

C. 邓惠中　　　　　　　D. 江竹筠

3. 关于《挺进报》的描述，正确的是（　　）。

A. 由齐晓轩直接领导，主要刊登战场捷报

B. 成岗负责印刷，是地下党的重要宣传工具

C. 内容以文学创作为主，在知识分子中流传

D. 甫志高因负责发行工作而被捕

二、填空题

1. 小说《红岩》的创作背景是 1948—1949 年_____（城市）的地下党斗争和狱中抗争。

2. 小说《红岩》首次出版于_____年，一经问世就引起巨大反响。

3.《红岩》的前身是革命回忆录《_____》。

4.《红岩》的作者是_____和_____。

5. 小说中，_____在狱中坚持斗争，并写下著名的《我的"自白书"》。

6. 华子良在狱中长期_____，他在狱中为狱友传递了不少重要情报。

7. 许云峰在_____地窖挖通了一条秘密通道，为同志们创造越狱机会。

8."小萝卜头"的真实姓名是_____，他在狱中仍然坚持学习文化知识。

9. 成岗为揭露敌人罪行，鼓舞战友斗志，在狱中仍然秘密编辑《_____》。

10. 叛徒_____出卖了江姐等人，导致许多同志被捕。

三、阅读分析题

阅读以下段落，回答问题：

一片漆黑的地窖里，冰冷潮湿，层层岩块和巨石，堵绝了阳光、空气和一切人间的声响，恰似一口密封了的活棺材，深埋在阴暗的地底。成年累月，只有那缓慢得无法察觉的浸水，从石缝中渗出，不时地带着单调微弱的滴答声，落进这无人知晓的洞穴。

请简要分析本段环境描写的作用。

_____

_____

_____

_____

四、实际应用题

为深入学习贯彻党的二十大精神，扎实推进青少年党史学习，我班拟于近期举办"传承红色基因，赓续革命薪火"《红岩》专题学习会活动。该书生动再现了解放战争时期，以江姐、许云峰为代表的共产党人在重庆白公馆、渣滓洞监狱中，面对严刑拷打仍坚守信仰、英勇斗争的革命事迹。现面向全班征集活动方案，请围绕小说核心情节（如"绣红旗""华子良装疯""小萝卜头的铅笔"等），设计两个富有教育意义的互动环节。要求：

1. 形式新颖，注重参与体验；

2. 内容紧扣文本，突出革命精神；

3. 每个环节需明确教育目标（如理想信念教育、革命传统教育等）。

优秀方案将获得实施机会。

第二单元：内容总览

　　本部分对全书各章节内容进行了细致的梳理与概括，结合中考"高频考点"方向，对书中精彩情节进行了摘录和详细分析，旨在帮助学生们快速掌握全书内容与考点知识。

一、结构导图

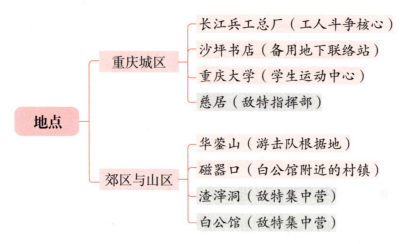

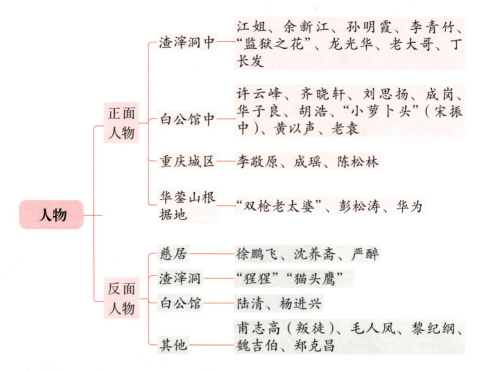

注：许多人物在书中有辗转多个地点的经历，本图仅以人物后期活动地点作为划分标准

关键情节纲要

重庆大学校园内，陈松林结识成瑶、特务黎纪纲

许云峰嘱咐甫志高开书店作为备用联络站

甫志高办书店误招特务，书店暴露，甫志高叛变，江姐、许云峰、余新江等革命者因此被捕

特务徐鹏飞大摆宴席庆功，被提审的许云峰当众怒斥特务

许云峰、成岗被徐鹏飞抓捕，成岗写下"我的自白书"

"监狱之花"诞生，给江姐等革命者带来新希望

渣滓洞特务限水折磨革命者，革命者挖掘蓄水坑挫败特务阴谋

龙光华因保卫水源牺牲，众人绝食抗争，以争取为龙光华办追悼会的权利

江姐被特务提审，面对特务竹签钉十指等残酷折磨，江姐毫不屈服

成瑶化身记者陈静戳破国民党"和谈空气"，引起敌特注意，被李敬原批评太过高调

刘思扬因家庭关系从渣滓洞被释放，改为回家软禁，特务郑克昌伪装成革命者老朱，来骗取消息

刘思扬在组织的帮助下识破特务身份，逃跑不成，反被抓捕入白公馆

刘思扬结识白公馆众人："小萝卜头"、成岗、黄以声等

成岗被注射名为"诚实注射剂"的用于审讯的致幻剂，由于他意志坚强，敌人没能如愿获得情报

刘思扬获得了齐晓轩信任，并与成岗相认，他还发现原来白公馆内也有党组织

特务郑克昌化名老高（高邦晋）进了渣滓洞，在此之前，他还骗取了一些进步学生的信任

白公馆中，胡浩在阅读由成岗编辑的《挺进报》时被发现，特务严刑拷打他，为了保证组织不进一步暴露，齐晓轩揽下罪行

刘思扬发现白公馆内有图书馆，同志们都在不懈学习

图书馆的地板下实际上是成岗、齐晓轩等革命者的秘密集会点，他们开会时，管理员老袁会用大声吟诗的方式帮他们放哨

解放战争胜利前夕，徐鹏飞等特务头子接到上级命令，决定密裁渣滓洞和白公馆的革命者，江姐和李青竹首先遇害

关键情节纲要

特务换防计划导致渣滓洞、白公馆断联，越狱计划受挫

华子良出逃，去寻找华蓥山游击队，为他们援救集中营的狱友充当向导

"老大哥"等革命者识破特务假释阴谋，于是揭竿而起正式越狱，丁长发等许多同志在战斗中牺牲

解放军胜利，重庆迎来解放

二、章节概览

▪ 第一章 ▪

思维导图

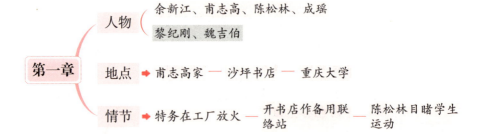

第一章 ┬ 人物 (余新江、甫志高、陈松林、成瑶
                黎纪刚、魏吉伯
      ├ 地点 ➡ 甫志高家 — 沙坪书店 — 重庆大学
      └ 情节 ➡ 特务在工厂放火 — 开书店作备用联络站 — 陈松林目睹学生运动

情节梗概

　　本章是**故事的开篇**。这是 1948 年初，特务放火烧了炮厂，厂内工人、同时也是共产党员的余新江穿行在重庆街头。许云峰派

他来与地下党沙磁区委委员甫志高见面。见到甫志高后，余新江与他说了**炮厂遭特务放火**的事，同时还告诉他，许云峰预备在沙磁区设置一处备用的联络站。甫志高欣然接受任务，并且提议建设书店。余新江为甫志高引介了一位工人同志**陈松林作为"店员"**，辅助甫志高进行革命工作和书店的日常工作。

作为备用联络点的沙坪书店顺利开业，陈松林也从修配厂调任至书店。脱离工厂生活的陈松林显得有些不适应，但甫志高的"富于领导经验"，又暂时安抚了陈松林的心。于是陈松林在甫志高的安排下，经常出入重庆大学，为地下党员华为送进步书刊。在送书的过程中，他目睹了成瑶揭露魏吉伯特务身份、彗星报主编**黎纪纲"被打"**等事件。

原文节选

节选一

不知是哪一家别出心裁的商行带头，今年又出现了往年未曾有过的新花样：一条条用崭新的万元大钞接连成的长长彩带，居然代替了红绿彩绸，从雾气弥漫的一座座高楼顶上垂悬下来。有些地方甚至用才出笼的十万元大钞，来代替万元钞票，仿佛有意欢迎即将问世的百万元钞票的出台。也许商人算过账，钞票比红绿彩绸更便宜些？

节选二

当他听到余新江说，老许原来考虑的也是开个书店时，他会心地微笑着，情绪更加兴奋了。余新江又说老许关照过，书店宜小，开成灰色的，不要卖进步书籍……

章节评析

　　余新江是本章中的核心人物之一，他的形象塑造鲜明且具有代表性。他年轻而富有活力，浓眉大眼、身材苗壮，穿着干净整洁的蓝布中山装，这正是中国数以万计的有着蓬勃生命力的工人同志的缩影。他正直勇敢、富有抗争精神，敢于怒骂派特务纵火烧毁工厂的反动政府，并说，"跑得了和尚，跑不了寺。工人的损失要敌人全部赔偿！"在面对特务纵火事件时，他表现出极大的冷静和沉着，并且在发现纵火的特务时能够及时勇敢地抓捕特务，这体现出他反应敏捷、行动迅速。

　　甫志高叛变的必然性也已在本章初现端倪，甫志高已经暴露出他贪图享乐、好大喜功的一面。他语言油滑，对革命理解并不是很充分，他把崇高的"共产主义"，降格为请小余喝茶，"同志们到了我这里，要实行共产主义，有福同享"；身处物资短缺的革命年代，他却在追求生活品质（家中常备好茶）；接替江姐搞学生运动，他沾沾自喜；在已经看到革命胜利曙光的前提下，甫志高希望自己的工作越多越好，以此来积攒"功劳"。

　　本章两处借人物活动暗示时代背景的描写也很精彩。第一处借余新江穿行重庆街头，商户们将"钞票"用作装饰彩带的描写，暗示出国民党统治后期，国民经济极度恶劣的时代背景。第二处通过对陈松林的活动轨迹的描写，描绘出重庆大学的校园环境。重庆大学是斗争与觉醒的时代缩影，这体现出学生们不再局限于"读书救国"的空泛口号，而是以实际行动支持工人斗争，表现出强烈的社会责任感和政治觉醒。成瑶等学生代表的勇敢发言和行动，象征着青年一代对反动势力的反抗和对正义的追求。

▪ 第二章 ▪

思维导图

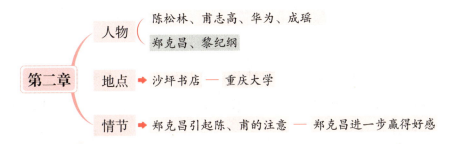

第二章

人物　陈松林、甫志高、华为、成瑶
郑克昌、黎纪纲

地点　➡ 沙坪书店 ── 重庆大学

情节　➡ 郑克昌引起陈、甫的注意 ── 郑克昌进一步赢得好感

情节梗概

　　陈松林得知学生运动、工人运动互相响应十分高兴，因为大家都在以罢课、罢工的方式同反动政府作斗争。与此同时，书店里有一位常来读书的苦闷的年轻人引起了陈松林和甫志高的注意，这位青年喜爱读文艺理论和翻译小说，比如《萧红小传》和高尔基的作品等。这个年轻人看起来思想进步且十分贫穷，**甫志高立功心切，迫切地想要扩大书店规模**，吸纳这个青年进组织。这些举动违背了老许（许云峰）对书店"越低调越好"的要求："书店宜小，开成灰色的，不要卖进步书籍……"陈松林按照老许的意见对甫志高提出建议，甫志高却以革命需要扩大思想宣传、团结进步青年的理由说服了陈松林。同时甫志高也隐瞒了陈松林，他并未向老许汇报扩大书店的事实。于是**陈松林在甫志高的领导下，积极与彗星报主编黎纪纲接触**。

　　陈松林接触黎纪纲的过程中意外发现那位青年正是黎纪纲的表弟郑克昌，他之前在邮局工作，目前处于失业状态。他们"兄弟"二人思想都很"进步"，陈松林不由得对他们更生好感。但华

为对于陈松林贸然来学校里活动新成员有所不满，认为这样容易暴露身份。

原文节选

节选一

最近一些时候，甫志高对长期宁静的生活，渐渐地不能满足了。作为地下工作者，他渴望着参加更多的斗争。当然，这和年轻时那种热情冲动是完全不同了。这种急于参与活动的情绪，在他反复研读《目前形势和我们的任务》这篇文章以后，变得更加明显和强烈。革命发展到转折点了，多少年来的革命斗争，眼看就要胜利了。急于工作的愿望，使他异常兴奋，几次向党要求担任更多的工作。

节选二

黎纪纲掀开蓝布长袍，把《时代》卷起来，放进内衣口袋。小陈偶然一瞥，发现他那内衣口袋里，露出了一些粉红色的打字纸的边沿。啊，那不是《挺进报》! 原来黎纪纲已经有《挺进报》看，不需要再送给他了。黎纪纲抬起头来，仿佛发现小陈正在注视他的衣袋，他立刻放下衣襟，不自然地迟疑了一下，终于对陈松林诚恳地说："小陈，谢谢你对我的关心，不过你经常带这些东西，很危险，最好谨慎一点……"

章节评析

本章通过对特务高超的伪装手段的**细节描写**，勾勒出地下党与反动派艰难博弈的惊险图景。两个伪装成进步青年的特务犹如嵌入革命阵营的毒刺：郑克昌以失业青年形象示人，他衣衫褴褛、举止瑟缩的表象成功博得甫志高、陈松林等人的同情；黎纪纲则假扮《彗星报》主编，不惜使用"挨打"的苦肉计，证明自己的"革命性"，他还用激进的革命辞藻赢得陈松林等人的信任，又假装不经意间被陈松林看到他藏有国民党严禁发行、阅读的进步刊物《挺进报》。这种伪装战术形成精密的身份掩护网，使得甫志高和陈松林上当了。本章将特务的阴鸷与狡诈展现得淋漓尽致。

▪ 第三章 ▪

思维导图

第三章

人物 ➤ 成瑶、成岗、许云峰、江姐、李敬原

地点 ➤ 长江兵工总厂修配厂 — 重庆大学

情节 ➤ 成瑶误解成岗 — 成岗回忆大哥 — 成岗与江姐讨论工人运动和改进印刷事宜

情节梗概

　　成瑶从学校回家，把学校中的消息带给二哥成岗：学生们通过罢课争取到了"学校开除特务魏吉伯"的局面。成瑶给成岗带了《挺进报》，成岗十分吃惊，为了保护妹妹的安全，他不得不严厉斥责妹妹。**兄妹二人因此大吵一架**，成瑶甚至还误会哥哥当了厂长、有了权力，人就变了。成瑶不知道的是，**成岗实际上正是负责刻印《挺进报》的人**。他也是一名工作认真积极、有着充足斗争经验的地下党员。

　　成岗回想起过往的岁月中，他考入长江兵工总厂，在那里与国民党内部腐败的气氛做抗衡，之后又接触了进步思想，成为一名有志于革命的好青年，后来又在参加革命的大哥的指导下入党。再后来，他被调任到修配厂，在这里，他领导工人振兴被国民党逼迫停工的工厂，并且还发展了如小余（余新江）、谭师傅等一些可靠的工人阶级党员。1947年蒋介石撕毁和平协定，成岗的大哥不得不撤回延安。成岗短暂地与党组织断了联系，但他矢志不渝地坚守岗位、坚定信仰。再后来，许云峰代表党组织与成岗接上了关系，并指派成岗担任自己的交通员。许云峰工作调动后，又由江姐领导成岗，从此成岗开始负责《挺进报》的印刷工作。

　　另一方面，成瑶虽然与哥哥生气，但是她通过二哥平常的言行举止便**大胆地猜想成岗是共产党员**，这个发现使她十分惊喜。后来江姐来找成岗，通过观察江姐亲切的语言、他们因共同的信仰而昂扬的精神状态，成瑶更加确信二哥与江姐都是共产党员。

　　江姐为成岗带来了几个消息：第一，党组织已经批准成瑶加入新青社（全称"新民主主义青年社"，是由中国共产党领导的抗日战争后期和解放战争时期国统区进步青年的秘密组织）；第二，成瑶与华为谈恋爱了；第三，江姐与华为都要下乡了，李敬原将负责领导成岗的工作。

原文节选

节选一

　　她满心欢喜地给江姐送了茶，不声不响地站在旁边，还想逗留一会儿，却又怕妨碍了他们的谈话。她犹豫了好久，终于悄悄走了出去。走到门边，她又回过头来，依恋地仔细望望江姐，似乎想从她身上找出点与众不同的地方。

节选二

"你真是个不知道疲倦的人。"江姐亲切地说："这样做，你的任务更重了。不过，你还得注意身体，我们的日子长得很呢！我们这一代，不仅要推翻蒋家王朝，还要亲手建设一个新中国。那时，你还是要像今天这样年轻有劲才好！"

章节评析

本章中，成岗的形象通过诸多**具体情节**得以生动呈现。面对《挺进报》的工作，他展现出十足的专业与老练。在简陋且随时可能暴露的印刷场所，成岗熟练地操作着改装后的油印机，印刷《挺进报》。当听到细微的异常响动，他能迅速警觉，暂停工作，谨慎观察周边情况，凭借丰富的经验判断是否有危险，这体现出他革命经验老到。成岗的保密工作做得滴水不漏，连妹妹成瑶起先都没察觉到他的党员身份，他深知革命工作的危险性，严守秘密既是对家人的保护，也是对革命事业负责。为了革命，成岗全心投入，他日夜操劳，哪怕身体疲惫，也未曾停下手中的工作。他精心编辑每一期报纸，将重要的革命消息、鼓舞人心的话语传递出去，只为给黑暗中的人们带来希望，为革命贡献自己的力量，彰显出坚定的革命意志与无私奉献精神。

▪ 第四章 ▪

思维导图

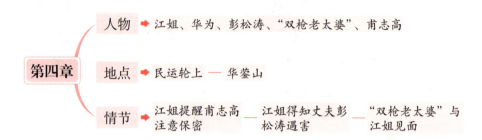

人物 ➤ 江姐、华为、彭松涛、"双枪老太婆"、甫志高

第四章　地点 ➤ 民运轮上 —— 华蓥山

情节 ➤ 江姐提醒甫志高注意保密 —— 江姐得知丈夫彭松涛遇害 —— "双枪老太婆"与江姐见面

情节梗概

　　江姐和华为将要**启程去往华蓥山根据地**。甫志高赶来为江姐送行，他为了表现自己的"艰苦"作风，穿西装搬箱子，被江姐指出有暴露的风险，甫志高却不以为意。快开船时，江姐给了甫志高一些工作上的建议，二人就分别了。

　　到了船上，江姐身着盛装，伪装成船上何大副的表姐，又把经过巧妙包装后的药品（那时国民政府限制大宗药品的运输），暂时放在何大副处，因而轻松通过国民党警察的身份核验。江姐下了船后，改乘长途汽车，并与中途上车的华为会合。此时**县城中白色恐怖蔓延**，他们遇到了异常严格的检查，幸亏在司机的帮助下才得以脱险。华为在进城的路上向江姐讲起了自己的身世。原来华为的爸爸、妈妈都是共产党员，他爸爸在他很小的时候被捕，恐怕早已牺牲；他妈妈就是令敌人闻风丧胆的华蓥山游击纵队司令——"双枪老太婆"。

　　二人吃过饭后，江姐借买伞的名义孤身去城门口查看情况。

城门口正挂着一些共产党人的头颅，江姐仔细查看烈士姓名，却看见了自己的丈夫彭松涛正在烈士之列。她不敢相信丈夫牺牲，抬头却正**看见丈夫的头颅**，顿时心痛不已。但为了革命事业、为了不被特务察觉异样，江姐一路上强忍悲痛，跟着华为上了华蓥山。到了山上，"双枪老太婆"热情招待江姐，对于彭松涛的牺牲，**"双枪老太婆"极力隐瞒**，直到江姐说出她"早知道了"，"双枪老太婆"这才动情地安慰江姐。江姐希望"老太婆"能将她安排到彭松涛工作过的地方，让他们夫妻二人为革命事业"前仆后继"。

原文节选

节选一

老彭？他不就是我多少年来朝夕相处，患难与共的战友、同志、丈夫么！不会是他，他怎能在这种时刻牺牲？一定是敌人的欺骗！可是，这里挂的，又是谁的头呢？江姐艰难地，急切地向前移动，抬起头，仰望着城楼。目光穿过雨雾，到底看清楚了那熟悉的脸型。啊，真的是他！他大睁着一双渴望胜利的眼睛，直视着苦难中的人民！老彭，老彭，你不是率领着队伍，日夜打击匪军？你不是和我相约：共同战斗到天明！

节选二

"前仆后继，我们应该这样。"回答的声音，是那样的刚强。久经患难的老太婆带着虔敬的心回忆着："老彭说过：你把群众当作自己的父亲，群众才把你看成自己的儿子。鞠躬尽瘁，死而后已。他给我们，也给群众留下了多么光辉的榜样！"

章节评析

本章中，**心理描写、语言描写、侧面渲染**等艺术手法运用得十分突出。通过对这些艺术手法的综合运用，作者生动传神地塑造了江姐、"双枪老太婆"和彭松涛等英雄形象，展现了革命者的坚定信仰和牺牲精神。

人物心理描写如江姐看到丈夫彭松涛的头颅时的场景，她的心理历程经历了"震惊—怀疑—确认—悲痛"的过程。通过对江姐内心独白"不会是他""真的是他"和反复呼告"老彭，老彭"的场景的描写，生动展现了江姐从拒绝承认现实到接受现实的痛苦挣扎。这种细腻的心理描写，突出了革命者在面对牺牲时的坚韧与深情。

语言描写如江姐和"双枪老太婆"的对话，同样感人肺腑。江姐强忍悲痛，用"前仆后继，我们应该这样"表明革命者的坚定信念。"双枪老太婆"引用彭松涛的话，"鞠躬尽瘁，死而后已"，更是体现了以他们为代表的共产党人无私奉献的精神。这种革命乐观主义和舍生取义的品质，是《红岩》的核心主题，也揭示了"红岩精神"的思想内涵。

另外，作者虽然没有对彭松涛这个英雄革命者进行正面描写，但是却采用**侧面渲染**的方式，借助江姐和"双枪老太婆"的回忆、二人对彭松涛语言的引用，塑造出彭松涛坚韧不屈、忠诚无畏，富有革命斗争精神，积极领导、组织武装斗争，面对敌人宁死不屈，最终壮烈牺牲的英雄形象。

▪ 第五章 ▪

思维导图

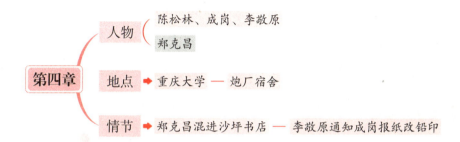

第四章

人物 (陈松林、成岗、李敬原
　　　郑克昌

地点 ➡ 重庆大学 — 炮厂宿舍

情节 ➡ 郑克昌混进沙坪书店 — 李敬原通知成岗报纸改铅印

情节梗概

陈松林来到重庆大学，与黎纪纲、郑克昌谈话。黎纪纲、郑克昌二人利用国民党报纸上"华蓥山纵队全军覆没"的假新闻来骗取陈松林的信任，进而套取关于华蓥山纵队和华为的情报。他们还打探甫志高、陈松林办文艺刊物的事儿，得知办刊物的经费不足，**郑克昌甚至"卖了"自己的铺盖和衣服来资助刊物**，并表示自己想来书店"帮忙"。

陈松林把这些情况汇报给甫志高，郑克昌的狡猾蒙蔽了求功心切的甫志高。于是甫志高没有理会陈松林的劝阻，欣然**同意郑克昌进入书店**。他还设置了"邮局寄《挺进报》"的考验来判断郑克昌是否可靠。《挺进报》顺利寄到，郑克昌成功蒙蔽了甫志高。

另一方面，江姐下乡后，成岗接受李敬原的领导。他仍然废寝忘食地**刻写、印刷《挺进报》**，还不断发挥创新性，钻研改进《挺进报》的印刷机。这天，李敬原来找成岗，他们一起印刷了《挺进报》，李敬原还告诉成岗，**解放战争形势一片大好**，市委预

备扩大《挺进报》的发行量，并把报纸改为铅印。他还让成岗把最后油印报纸印刷完毕，就去接受新的任务。

本章还插叙了成岗的回忆：有一位同志（后文揭晓此人是刘思扬）通过收音机收听新闻，再将新闻整理成新闻稿，成岗依据这些稿件刻写《挺进报》。成岗有感于同志情谊想给那位不知名的同志写信，在李敬原的许可下，两人有过一次简短通信。

原文节选

几个月以来，他为着印得更多更好，节省时间和体力，曾经三番五次地改变印刷的办法，他已经丢开了那些质量粗糙的普通油印机，只用一块打磨得精光利滑的竹片往纸上刮油墨；用这种方法，可以印上二千四五百份漂亮、清晰的《挺进报》。在油墨的调拌、纸张的选择上，成岗也不知花费过多少精力。为了找到既薄而又富于韧性的纸，他跑遍了文具店，试验过好多品种不同的纸张。对党的事业的无限忠诚，日夜激励着他的顽强意志。

章节评析

本章中通过**对比手法**深化了《红岩》中革命斗争的主题。作者将正反两类形象做对比：一方面，黎纪纲、郑克昌二人通过谈论革命思想、表现精神进步、假装为革命无私奉献的行为展现了国民党特务的阴险狡诈，他们不择手段地渗透革命队伍，妄图破坏革命；另一方面，无论是成岗为改进印刷方法的努力，还是李敬原对工作的严谨安排，都凸显了革命者们在艰难环境下坚守信念、积极应对的精神。特务的可恶和狡诈更加体现出革命者为了传播革命思想、推动革命进程，不惧困难、勇于创新的精神的宝贵，这种鲜明的对比，更突出了革命斗争的残酷性和革命者的伟大。

■ 第六章 ■

思维导图

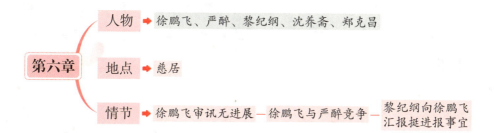

第六章
- 人物 ➤ 徐鹏飞、严醉、黎纪纲、沈养斋、郑克昌
- 地点 ➤ 慈居
- 情节 ➤ 徐鹏飞审讯无进展 — 徐鹏飞与严醉竞争 — 黎纪纲向徐鹏飞汇报挺进报事宜

情节梗概

重庆的夜晚阴森恐怖，特务盘踞在"慈居"大楼内，这栋楼耸立在夜空，窗帘紧闭，电报员的电键声、报话员的呼号声交织，密码、情报从这里发向各地，这里是国民党特务活动的核心枢纽。

身材粗大、脸色黝黑的特务头子徐鹏飞坐在豪华办公室处理公文，听到被拷打者的惨叫，竟像倾听美妙音乐一样浮现出冷笑，这充分展现出他的冷酷、残忍与嗜血。兼任侦防处长后，他权力增大，却因抓不到共产党、权力被同僚严醉分割而苦恼。共产党行动灵活，致使他总是无法找到有效的抓捕线索。

此时，特区副区长沈养斋带来消息，严醉的手下黎纪纲、郑克昌已成功渗透进地下党组织。于是徐鹏飞与沈养斋相互配合，**从魏吉伯、黎纪纲口中套出目前严醉收获的《挺进报》线索**，甫志高、陈松林地下党的身份因此暴露。

徐鹏飞得到指挥军、警、宪、特工人员的特权，妄图破坏共产党地下组织，他盯着地图，谋划着如何抓捕共产党人，一场针对地下党的大阴谋正在悄然展开。

原文节选

节选一

黑沉沉的大楼，耸立在布满密云的夜空里，厚实的窗帘，紧紧遮住灯光，就像一匹狰狞巨大的野兽，蹲伏在暗处，随时可以猛扑出来伤人。

节选二

一阵凄惨的嚎叫，透过门缝，像往常一样传了进来。

——你说不说？说！

——问你是谁领导？问你……

鞭子在空中呼啸，落在肉体上发出低钝的响声……

从转椅上欠起身来，点燃一支香烟，慢慢吐出一口烟圈，他倾听着这阵惨叫，像倾听一曲美妙的音乐。他的脸上，浮现出一丝几乎看不见的冰凉的冷笑。

章节评析

本章中，作者综合运用**多种艺术手法**，将徐鹏飞这一特务形象刻画得入木三分，使读者能真切感受到其冷酷、狡黠与野心勃勃。首先，作者花费了大量笔墨，对这个特务头子的盘踞之地——慈居，进行了描写。通过对"慈居"这一特务活动核心场所的描写来**渲染烘托**徐鹏飞阴狠毒辣的个性。"黑沉沉的大楼耸立在夜空，像一头狰狞巨大的野兽，又像一座巨大的毒蜘蛛巢穴"，作者将"慈居"比作野兽和毒蜘蛛巢穴，营造出阴森恐怖的氛围，暗示徐鹏飞所处的黑暗、邪恶的环境，侧面反映出他作为特务头子的冷酷与凶残。

再次，作者通过**外貌与神态描写**塑造了徐鹏飞的鲜明形象。徐鹏飞的"身材粗大、脸色黝黑"，给人一种凶悍的直观印象。而"听到被拷打者的惨叫，竟像倾听美妙音乐一样浮现出冷笑"，这一神态描写，把他对他人痛苦的漠视和残忍嗜血的本性暴露无遗，让读者能深刻感受到他的冷酷无情。

最后，作者运用了生动的**语言与行动描写**，塑造了徐鹏飞的形象。例如在与沈养斋等人交流时，徐鹏飞的语言尽显其狡猾和心机深沉。他通过巧妙的话术从特务黎纪纲口中套取《挺进报》线索，展现出他的精明和对破坏共产党地下组织的急切。同时，徐鹏飞从同为特务的黎纪纲等人手中骗取情报的行为也体现了特务集团内部为争权夺利而阴险斗争、互相倾轧的丑恶嘴脸。

▪ 第七章 ▪

思维导图

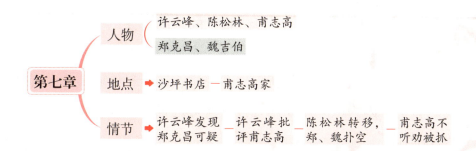

情节梗概

特务郑克昌住进书店后，妄图从陈松林处套取更多情报。他常常主动找陈松林聊天，试图以各种话题引导陈松林透露地下党组织的秘密，但陈松林保持警惕，并未让郑克昌得逞。

许云峰来访书店，准备启用书店作为联络点，却**察觉到了书店的异常**，他发现甫志高在他不知情的情况下，预备扩大书店规模。甫志高还招纳了新店员郑克昌，甚至还准备办新刊物。同时，他还发现郑克昌的言行举止十分可疑，为了麻痹陈松林和甫志高，郑克昌剽窃他人的革命诗句当作自己的。黎纪纲十分反常地冒雨来找郑克昌，他们还叮嘱小陈不要出门。

这些情况引起许云峰的警觉，经过一番观察和思考，**他断定郑克昌是特务**。许云峰迅速通知陈松林撤离书店，避免了党组织遭受更大的损失。他还对书店进行了妥善安排，销毁可能暴露党组织信息的资料，让敌人无法从书店获取有价值的线索，同时他还嘱咐甫志高不要回家。甫志高却对许云峰的安排很抗拒。

不久，郑克昌、魏吉伯等特务来搜查书店，书店早已人去楼空。于是他们又守在甫志高家中，**抓到了没有听从许云峰劝告、偷跑回家的甫志高**。

另一边，成岗完成了《挺进报》的印刷任务，按照约定等待着接头人来取。李敬原来到成岗处，对他的工作表示肯定，并告知成岗关于党组织的一些新部署和安排，还嘱咐他要继续保持高度的警惕，因为敌人正在四处搜寻《挺进报》的线索，危险随时可能降临。

原文节选

节选一

"书店是备用的联络站，有关的原则早就明白规定了的。可是现在竟完全违背了这个规定。书店是机要地点，你却让一个来历不明的人混了进去；规定书店保持'灰色'，宜小不宜大，你却偏要扩大，偏要卖进步书籍，还异想天开办什么文艺刊物；重庆大学不是你的工作范围，却硬要叫小陈插进去活动……难道你不知道，这是违反秘密工作原则的错误？这样的联络站还不应当立刻封闭？"

节选二

他是早有计算的：把书店办好，出版刊物，逐渐形成一种团结群众的阵地，到解放后，当然比仅仅搞经济工作所能得到的好处更多，也比单纯搞联络站工作的收获更大。天生我材必有用，要在革命斗争中露出头角，而不被时代的浪潮淹没，就应该在力所能及的条件下，尽可能地发展自己，这绝非过分的事。

章节评析

本章中甫志高的人物形象十分复杂，他的**心理活动**清晰展现了他为什么从怀揣革命理想的共产党地下党员，沦为人人唾弃的叛徒。

起初，甫志高投身革命时，内心也曾满是热忱与憧憬。那时的他，想必也被革命的崇高理想所感召，渴望为国家和人民的解放贡献力量。然而，由于他卧底于银行，长期接受资本主义的腐蚀，他的心态与处世风格发生了很大变化，这点在他负责书店工作的过程中体现得尤为明显。他为了在革命胜利的前夜为自己积

攒更多功劳，对许云峰等经验丰富的同志的提醒置若罔闻，甚至暗自嘲笑他们太过谨慎。他膨胀的心态促使他在处理书店事务时，屡屡违反地下工作原则。他的自作主张，为后续的危机埋下了种子。

当敌人的威胁步步逼近，书店已经暴露、同志们或逃亡或被捕，甫志高却仍然沉浸在"安稳生活"的幻想中，不愿意相信危险已经来临，于是他不顾许云峰的提醒，返回家中，结果与妻子一起被捕。

从甫志高的**心理变化历程**可以看出，他的堕落不是突然发生的，而是有迹可循的，他在自我膨胀、虚荣和恐惧等多种因素交织下逐渐忘记初心，曾经纯洁的革命理想也演变成了对革命成功后"高官厚禄"的渴望。所以他在被捕后迅速叛变革命也是意料之中。甫志高的堕落过程深刻地反映出在残酷的革命斗争中，意志不坚定者的可悲下场，同时也更加凸显出许云峰等坚定革命者的崇高与伟大。通过对甫志高这一人物的心理活动的深入描写，作者升华了《红岩》所展现的革命精神，也展示了人在面对绝境时的人性挣扎，由此凸显了坚守信仰的可贵。

▪ 第八章 ▪

思维导图

第八章

人物： 许云峰、李敬原、成岗、成瑶
甫志高（本节叛变）

地点 ➡ 茶园 — 成岗家 — 中山公园

情节 ➡ 许云峰掩护李敬原撤离，自己被抓 — 成岗被捕 — 李敬原给成瑶安排工作

情节梗概

重庆市地下党特委书记李敬原知道了沙坪书店的变故，**前往茶园与许云峰碰头**，二人低调地交谈了书店情况。正当他们准备换个地方继续商谈时，甫志高带着两个陌生人正要挤进茶园，周围还有便衣特务，他们因此判断出甫志高已经叛变。许云峰为了保护李敬原挺身而出，主动招呼甫志高，吸引特务的注意力，李敬原趁机沉着冷静地通过特务林立的警戒线离开。**许云峰则不幸被特务逮捕**。

特务们来到成岗家，成岗意识到危险来临，**把扫帚挂在窗口**，给来找他的同志留下危险的信号。但特务还是发现了《挺进报》，并逮捕了成岗。成岗在被押上船时，试图挣脱绳索跳江，然而未能成功。

李敬原在中山公园与成瑶接头，告知成瑶成岗被捕以及成岗刻印《挺进报》的相关事情。成瑶得知后十分痛苦，**她表示愿意继承二哥成岗的工作**，即使牺牲生命也在所不惜。李敬原根据当前形势，安排成瑶改头换面，以新闻记者的身份潜入《山城晚报》，继续为革命事业做贡献。

原文节选

节选一

李敬原侧目斜视，也清楚地看见敌特的搜索圈正向商场内紧缩过来。情势十分紧迫、危险。凭着他多年在白色恐怖中出生入死的经验，他断定，如果处置得当，即使面对再阴险的敌手，也不是完全没有化险为夷的可能。

节选二

此刻他需要做的，是宁肯牺牲自己，也不能让来找自己的同志和党的组织受到任何损失！他立刻拉开夜里用来遮灯光的窗帘，然后轻轻推开了窗户，把一把经常放在储藏室里备用的扫帚，小心地挂到窗口外面的那颗钉子上去——有了这个暗号，来找他的同志，远远地就可以发现危险的警号，不会再进厂里来。

章节评析

本章对**革命者的光辉形象**描写得十分动人。首先是许云峰这一艺术形象。许云峰与李敬原茶园碰头，当发现叛徒甫志高带着特务逼近时，他没有丝毫慌乱，第一时间让李敬原撤离并通知相关人员转移，眼见自己无法平安撤离，他便主动将危险引向自己，以无畏的牺牲精神掩护李敬原离开，这展现出他作为共产党员的非凡的镇定与果敢，其对党忠诚、舍己为人的高尚品质令人敬仰。

成岗同样令人动容，面对特务抓捕，他首先想到的是保护《挺进报》、警示其他未暴露的同志，他挂出扫帚示警，在被押解途中还试图反抗，这体现出以成岗为代表的地下党员的坚定的革命意志和顽强的斗争精神。

而李敬原在危险面前，凭借丰富经验保持冷静，试图寻找脱险机会，之后又忍着失去同志的悲痛有条不紊地安排工作，将敌人对革命、对党组织的破坏程度尽可能降低……

成瑶这个懵懂的学生在革命的磨砺下迅速成长，主动要求继承二哥的工作，彰显出革命精神的**传承力量**。

▪ 第九章 ▪

思维导图

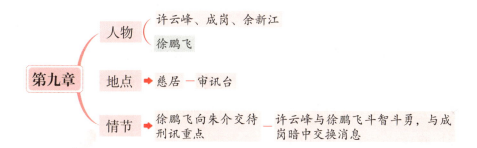

第九章
人物（许云峰、成岗、余新江
徐鹏飞

地点 ➡ 慈居－审讯台

情节 ➡ 徐鹏飞向朱介交待 ＿ 许云峰与徐鹏飞斗智斗勇，与成
刑讯重点 ＿ 岗暗中交换消息

情节梗概

　　许云峰成被捕后，徐鹏飞十分得意地认为能从许云峰口中套取无数线索，于是对许云峰进行了审讯，许云峰却不为所动，表现出坚定的革命意志。许云峰被带到审讯室后，看到了已被折磨得血肉模糊的成岗。他扑到成岗身边，内心充满了愤怒和悲痛。徐鹏飞试图利用成岗的惨状刺激许云峰，想让他屈服，但**许云峰冷静应对，没有被敌人的手段动摇**。许云峰、成岗相互配合，敌人打探不出丝毫"有用信息"。

　　成岗在狱中受尽折磨，敌人对他使用了各种酷刑，试图让他屈服。但成岗始终坚守信念，毫不畏惧。**他在狱中写下了著名的诗篇《我的"自白书"》**，以坚定的语言表达了自己对党的忠诚和对革命事业的执着追求。

原文节选

节选一

　　许云峰扑上前去，从血泊中，把血肉模糊的成岗，紧紧抱在怀里。他轻轻扶起成岗低垂的头，凝视着那失去知觉的面孔，拨开那绺盖住眼睛的头发，擦掉苍白面颊上的鲜血。一阵心如刀割的绞痛，顿时使许云峰热泪盈眶……

节选二

任脚下响着沉重的铁镣，
任你把皮鞭举得高高，
我不需要什么"自白"，
哪怕胸口对着带血的刺刀！
人，不能低下高贵的头，
只有怕死鬼才乞求"自由"，
毒刑拷打算得了什么？

死亡也无法叫我开口！
对着死亡我放声大笑，
魔鬼的宫殿在笑声中动摇；
这就是我——一个共产党员的"自白"，
高唱凯歌埋葬蒋家王朝！

章节评析

　　《我的自白书》是本章的灵魂所在，它以**诗性语言**深度凸显了本书的革命主题。成岗遭敌人酷刑逼供，他仍然坚贞不屈，甚至以笔为剑，用"滴着鲜血"的双手，写下这气吞山河的篇章："任脚下响着沉重的铁镣，任你把皮鞭举得高高，我不需要什么'自白'，哪怕胸口对着带血的刺刀！"这些诗句如同一把把利刃，刺向敌人的心脏，这不仅是成岗自我意志的表达，更是所有革命者对共产主义信仰的表白。它向我们展示了革命者们为实现共产主义，推翻封建反动力量、建立自由新中国所迸发出的蓬勃激昂的心灵力量。诗的最后几句"对着死亡我放声大笑，魔鬼的宫殿在笑声中动摇；这就是我——一个共产党员的"自白"，高唱凯歌埋葬蒋家王朝！"展示了成岗视死如归的精神，他藐视敌人给予的虚假"自由"，反而以大无畏的英雄气概，向敌人宣告了必将反动势力葬送的决心。

▪第十章▪

思维导图

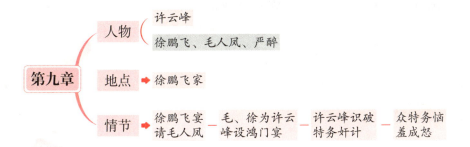

情节梗概

徐鹏飞为了炫耀自己的"功绩"，特意**举办了一场盛大的庆功宴**。毛人凤亲自到场，宣读了嘉奖令，现场气氛十分热烈。然而，就在特务为"消灭"了《挺进报》而洋洋得意时，山城的街头巷尾再次出现了《挺进报》，这让国民党特务们颜面扫地，也让他们感到极度不安。

为了从许云峰身上找到突破口，徐鹏飞和毛人凤精心策划了一场"鸿门宴"，假意邀请许云峰参加。他们计划让外国记者玛丽在宴会上拍下许云峰与国民党人员友好互动的照片，如碰杯、握手等场景，来误导公众，破坏许云峰在地下党和工人中的威信，混淆工人对许云峰立场的判断。

宴会上，许云峰目光锐利，一眼看穿了敌人的阴谋。他毫不畏惧，直言这场宴会的奢华是建立在人民的血汗之上，宴会上的每一口食物和酒水都沾满了人民的鲜血。他的言辞犀利，令在场的特务们哑口无言，不敢回应。徐鹏飞和毛人凤多次试图用利益诱惑许云峰，承诺释放他甚至安排他到其他"安全"地区，以此来瓦解许云峰的意志。

然而，许云峰坚定地表示，只要他还能说话，就一定会揭露国民党的阴谋诡计，除非敌人堵住他的嘴，否则绝不会让他们得逞。尽管**毛人凤等人用尽各种威逼利诱手段，却始终无法动摇许云峰**。

原文节选

许云峰面对着满场张皇失措的男女，指了指丰盛的山珍海味，像宣判似地说道："今天的满桌酒席，全是从哪里来的？你们说，是从哪里来的？嗯？！这全是你们搜刮来的人民的血汗！告诉你们，共产党人决不像你们国民党这样卑鄙，拿人民的血汗来填灌肮脏的肠胃！要干杯，你们自己去干罢！"

章节评析

本章中，许云峰在宴席上义正词严地斥责宴会中的腐朽势力的情节十分精彩。这一场景以**戏剧化的矛盾冲突**为框架，通过对敌我双方**语言交锋的描写**，将情节推向高潮。许云峰"宣判似地"指出满桌酒席是国民党搜刮人民血汗的罪证，深刻揭露了国民党的腐朽本质，将共产党人的高尚品德与国民党的卑鄙行径进行鲜明对比，凸显出共产党人一心为民、清正廉洁的高尚品德。

▪第十一章▪

思维导图

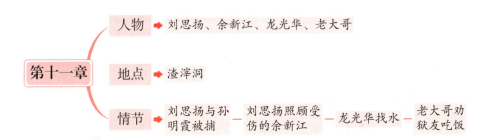

第十一章

人物 ➡ 刘思扬、余新江、龙光华、老大哥

地点 ➡ 渣滓洞

情节 ➡ 刘思扬与孙明霞被捕 — 刘思扬照顾受伤的余新江 — 龙光华找水 — 老大哥劝狱友吃饭

情节梗概

刘思扬与未婚妻孙明霞因甫志高的叛变而被特务逮捕。刘思扬在集中营回忆起被特务头子审讯的情景，他出身于资产阶级，家里送了金条，使得他在审讯中并未遭受如其他共产党人般的残酷对待。尽管如此，特务仍试图从他口中获取情报，劝诱他背叛革命，但刘思扬坚决不从。

在阴暗的牢房里，刘思扬与余新江、农民丁长发以及新四军战士龙光华等人结识。监狱的生活条件极为艰苦，**特务们采取断水和提供霉烂食物的手段**，企图摧垮革命者的意志。牢房中，同志们喉咙如火烧，在如此困境中，**老大哥鼓励大家积极进食**，以保持体力。他深知，只有保存力量，才能迎接胜利的到来。刘思扬在分发食物时，深刻感受到同志们忍受痛苦、坚持斗争的坚定信念，这进一步坚定了他的革命忠诚。

夜幕降临，雷电交加，特务们携狼犬在监狱四周巡逻，恐怖的气息弥漫。在一次提审中，一位革命者在被带走前高呼革命口号，其忠诚与无畏的精神深深激励了狱中的同伴。丁长发、龙光

华等战士都无比愤怒，龙光华渴望获得武器与敌人战斗。

原文节选

　　狱里的缺水，完全是敌人有意制造的。因此，在极度干渴之下的吃饭，竟成了一种战斗，一种不屈服于迫害的战斗。顽强的斗争意志和不屈的决心，鼓舞着人们听从老大哥的劝告。刘思扬一个一个给大家舀了饭，自己也勉强咽下几口干硬霉臭的饭粒。他又给仍然昏迷不醒的余新江留了半碗……看见大家都放下碗筷时，他忽然冲动地站了起来，提着饭桶在室内绕了一圈，龙光华朗声叫道："再给我舀！"

章节评析

　　本章描写了特务采取限水、供应"馊饭"的低劣手段迫使囚禁在渣滓洞的革命党低头。在极度缺水的艰难困境下，大家没有丝毫的自私自利，而是将生的希望优先让给受伤的同志，这种无私奉献的精神，正是无产阶级革命队伍强大凝聚力的来源。它进一步凸显了小说的**主题**——伟大的"红岩精神"，也深刻地阐释了红岩精神的内涵：革命者为了共同的理想，相互扶持、不离不弃，甘愿为战友牺牲自我，他们凭借着坚定的信念和伟大的情谊，与敌人进行不屈不挠的斗争，为实现光明的未来而努力奋斗。这也正是共产主义精神的最好体现。

▪第十二章▪

思维导图

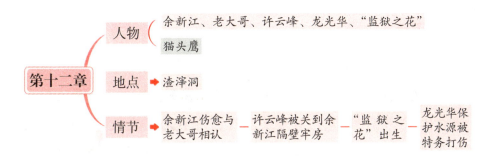

第十二章

人物（ 余新江、老大哥、许云峰、龙光华、"监狱之花"、猫头鹰

地点 ➡ 渣滓洞

情节 ➡ 余新江伤愈与老大哥相认 — 许云峰被关到余新江隔壁牢房 — "监狱之花"出生 — 龙光华保护水源被特务打伤

情节梗概

　　暴雨过后，监狱里依旧弥漫着压抑的气息。余新江在狱中惊喜地发现，备受敬重的"老大哥"竟是自己曾经的恩师夏老师，师生二人在这特殊的环境中重逢，感慨万千。随后，被敌人折磨得不成人形的**许云峰被特务们抬进了监狱**。他遍体鳞伤，却仍凭借着顽强的意志，努力支撑。几天后，重伤稍愈的许云峰高唱起《国际歌》，激昂的歌声迅速在监狱中蔓延开来，感染、鼓舞了每一位革命者，大家纷纷应和，用歌声表达对敌人的蔑视和对革命必将胜利的坚定信念。

　　另一方面，女牢中传来喜讯，一位**被取名为"监狱之花"的女婴诞生**在渣滓洞。这个新生命的到来，宛如黑暗中的一道曙光，给沉闷压抑的监狱带来了生机与希望。

　　许云峰、龙光华等革命者侦查到一处水源，为了缓解狱中缺水的困境，渣滓洞的革命者联合起来，趁"放风"的机会，在水源处挖出一个蓄水的小水坑。龙光华不辞辛劳，一次次往返，为

各个牢房送去珍贵的水源。然而，他的行动引起了特务的注意，特务们恼羞成怒，不仅破坏了水坑，还对龙光华进行了残酷的毒打。**龙光华被打成重伤，生命垂危。**

原文节选

节选一

一床破旧的毯子盖在担架上，毯子底下，躺着一个毫无知觉的躯体……担架从牢门口缓缓抬过，看不见被破毯蒙着的面孔，只看到毯子外面的一双鲜血淋漓的赤脚。一副粗大沉重的铁镣，拖在地上，长长的链环在楼板上拖得当啷当啷地响……被铁镣箍破的脚胫，血肉模糊，带脓的血水，一滴一滴地沿着铁链往下涌流……担架猛烈地摇摆着，向前移动，钉死在浮肿的脚胫上的铁镣，像钢锯似的锯着那皮绽肉开的，沾满脓血的踝骨……

节选二

"不准特务行凶！"几百人的声音，像决堤的洪水，像爆发的地雷。"谁敢填平水坑?"接着又是一声炸雷："谁敢填平水坑?"猩猩连连后退，阴险的目光，打量着间间牢房里愤怒的面孔。

章节评析

本章运用多种艺术手法增强表现力：

首先，**本章细节描写极具震撼力**。"带脓的血水沿着铁链滴落"这一细节，通过"脓血""铁链"等意象，以触目惊心的画面直观展现敌人暴行，"滴落"的动态描写更强化了酷刑的持续性，在揭露反动派残暴本质的同时，也反衬出以许云峰代表的革命者坚韧不屈的伟大精神。

其次，**本章对比手法运用鲜明**。特务"阴险的目光"与渣滓洞众人"愤怒的面孔"形成强烈反差，既揭示了反动势力色厉内荏的虚弱本质，又凸显了革命者无惧斗争的正义力量，使正义与邪恶的对抗更具张力。

最后，**本章比喻修辞生动传神**。将众人的怒吼比作"决堤的洪水""爆发的炸雷"，以自然界的强大力量为喻体，形象表现了革命声势的浩大和不可阻挡，暗示了人民力量终将胜利的历史趋势。

这些手法的综合运用，使文章既具有强烈的画面感，又富有深刻的思想性。

▪ 第十三章 ▪

思维导图

情节梗概

龙光华重伤后被抬回监狱，战友们心疼不已，纷纷主动轮流照顾他。他在昏迷中，仍心系革命，大喊"进川……解放……全中国"。然而，**在敌人的迫害下，**龙光华得不到救治也无法补充营养，最终因伤势过重不幸牺牲。这一噩耗让监狱里的革命者们悲

痛万分，愤怒也在他们心中熊熊燃烧。为了给龙光华讨回公道，也为了向敌人表明他们绝不屈服的态度，以余新江、刘思扬为代表的全监狱同志，向"猩猩"——也就是监狱所长，提出了一系列正义的要求：以烈士之礼安葬龙光华，并为他举行庄重的追悼会；监狱方面一旦遇到重病号，必须一律送往医院治疗；要改善监狱里恶劣的生活待遇。"猩猩"听闻这些要求后，断然拒绝。这更加激起了革命者们的反抗情绪，**全监狱的人毅然决定进行绝食抗议**。

在绝食的日子里，特务们妄图用美食诱惑革命者，摆上了"热气腾腾的白米饭"和"油浸浸的回锅肉"，试图瓦解他们的意志。但革命者们不为所动，坚守着自己的立场，没有一人被这些"美食"所诱惑。经过大家的艰难抗争，特务们终于意识到革命者的意志坚如磐石，无法轻易被摧毁。最终，"猩猩"被迫妥协，同意了革命者们的要求。大家怀着悲痛与敬意，为龙光华举行了正式的追悼会，这场追悼会不仅是对龙光华的缅怀，更是对敌人的有力抗争，彰显了革命者们团结一心、不屈不挠的精神。

原文节选

龙光华神志清醒的时候，要求把奶粉送还女室，留给那失去了父母的"监狱之花"。在她出世以前的那次大雷雨之夜，她的父亲便牺牲了；而她的妈妈，又在她出生时，难产去世了。因此，龙光华无论伤势如何沉重，也不肯占用这婴儿的营养品。只是在他昏迷不醒时，同志们才能勉强把奶粉调上冷水灌他几口。

章节评析

本章通过对战士龙光华丰富且细腻的**细节描写**，深刻展现了以龙光华为代表的革命者不屈的斗志与为革命事业燃烧生命直至最后一秒的伟大牺牲精神。

首先，本章通过对龙光华的**外貌描写**，"脸颊深深陷落下去，呈现出骷髅一般黯淡的惨白"，直观呈现出他遭受残酷迫害后的虚弱，反映了国民党特务的灭绝人性。

本章还对龙光华临终时的病痛中的呓语进行了**语言描写**，龙光华在最后的梦境中仍然为奋斗新中国而与敌人做着不屈的斗争："指导员……给我……一支枪！"

本章中龙光华拒绝吃奶粉的**细节描写**同样感人至深。尽管自己重伤在身，他仍坚持把珍贵的奶粉留给失去父母的"监狱之花"，不肯"占用"她的半点营养，这展现出革命者的无私精神。作者用简洁的语言交代了女婴的身世——父亲牺牲、母亲难产而死，让读者更真切地理解这罐奶粉的意义。龙光华昏迷时才被喂几口奶粉，也体现了同志们对他的关爱。本章让我们看到在艰难岁月里，革命者如何互相扶持，传递温暖，革命者的高尚人格也体现了人性最闪光的部分。

■ 第十四章 ■

思维导图

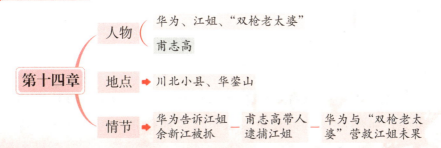

第十四章

人物：华为、江姐、"双枪老太婆"、甫志高

地点 ➡ 川北小县、华蓥山

情节 ➡ 华为告诉江姐余新江被抓 — 甫志高带人逮捕江姐 — 华为与"双枪老太婆"营救江姐未果

情节梗概

华为来到川北的一处小院与江姐见面，告知她余新江被捕以及原定的会议临时改期的消息。江姐敏锐地意识到联络站存在危险，当即决定让华为带着需要转移的东西先走，自己则留下来检查房间并处理剩余事务。在她准备离开时，甫志高突然出现。甫志高谎称有一批秘密军火需要江姐检查，还编造出余新江生病的谎言，试图诱骗江姐。江姐凭借丰富的斗争经验，通过与甫志高的对话，察觉到诸多可疑之处。她知道自己脱身无望，在确定华为走远后，江姐果断痛斥甫志高是无耻叛徒，随后**被早已埋伏好的特务抓住**。

为了营救江姐，"双枪老太婆"伪装成富人，带领狙击队队员来到敌人的必经之路。她故意在路边店铺吃饭，引得乡丁们凑过来聊天。乡丁们谈及"双枪老太婆"的传奇事迹时，警察局局长恰好路过并认出了她。然而，"双枪老太婆"毫不畏惧，指挥狙击队队员缴了局长和乡丁们的武器。随后，他们化装成乡丁，成功拦住了敌人预备押送江姐的军车。但狡猾的敌人早已改变计划，半夜用快船将江姐转移到了重庆，"双枪老太婆"的这次营救行动**未能成功救出江姐**。

原文节选

高高的白塔尖插在碧空里，白云轻轻飘动，给人以一种平和、宁静的感觉。坐在滑竿上的老太婆，却感觉不到这些。在她平静的脸色掩盖下，深藏着内心的焦虑：在这次行动中，可能遇到什么事呢？能够把江姐抢救出来么？掌握的情报是否可靠呢？滑竿均匀地闪动着，发出"叽咔、叽咔"的响声，这种单调的轻快的声音，无法解除她内心的焦躁与悲痛，要是江姐有了三长两短，怎样对得起党，对得起无数战友和死去的老彭啊！一想到江姐，她感到无穷的责任和内疚。回想起江姐温和坚定的笑容，回想起和江姐在一起的日日夜夜，她禁不住心痛难忍……

章节评析

　　本回中，作者巧妙运用**反衬手法**，以乐景写哀情，"高高的白塔尖插在碧空里，白云轻轻飘动，给人以一种平和、宁静的感觉"周围的环境虽平和宁静，但"老太婆"的内心十分不平静，"老太婆"对优美的风景毫无察觉，反而处于忧虑的状态，这凸显了"老太婆"对江姐的担心，她虽然伪装着表面的平静，却与她内心的波澜形成强烈对照，突出了她对江姐深厚的情感以及对革命事业高度的责任感，这样的艺术手法极大地增强了本章的艺术感染力，也使人物形象更加立体丰满。

▪ 第十五章 ▪

思维导图

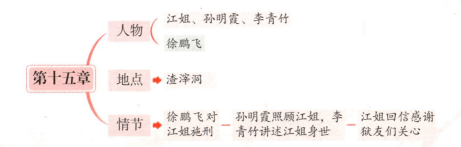

第十五章

人物　江姐、孙明霞、李青竹　徐鹏飞

地点　→渣滓洞

情节　→徐鹏飞对江姐施刑 — 孙明霞照顾江姐，李青竹讲述江姐身世 — 江姐回信感谢狱友们关心

情节梗概

在渣滓洞集中营，江姐被特务半夜提审。徐鹏飞、朱介等人亲自参与审讯，妄图从江姐口中获取地下党的情报。面对敌人的审问，江姐镇定自若，坚决不吐露任何机密。敌人恼羞成怒，对她施加各种酷刑，如**用竹签钉手指缝**。江姐却始终坚贞不屈，没有发出一丝呻吟，展现出钢铁般的意志。天亮了，遍体鳞伤的江姐被拖回牢房。她的惨状让战友们心疼不已，大家纷纷围过来关心她。孙明霞用红药水为江姐清洗伤口，小心翼翼地处理伤口里残留的竹丝，其他同志也在一旁帮忙。李青竹被敌人折断了腿，行动不便，但仍躺在对面关切地关注着江姐的情况。男牢房的同志得知江姐的遭遇后，纷纷写慰问信和诗篇表达敬意，这些信件由孙明霞朗读给江姐听。江姐被同志们的关怀深深感动……

原文节选

节选一

只见江姐被两个特务拖着，从铁门外进来了。通宵受刑后的江姐，昏迷地一步一步拖着软弱无力的脚步，向前移动；鲜血从她血淋淋的两只手的指尖上，一滴一滴地往下滴落。

节选二

江姐心里的高兴，不仅由于同志们对她的鼓舞，不仅由于自己战胜了毒刑的考验，当敌人追究游击队的活动时，她知道了叛徒的下落，这也是使她高兴的事，因为重庆地下党和农村游击队，再不会被叛徒出卖了。虽然敌人因而震怒，更急于从她口里找到党的线索，可是她想到党的安全已不再受威胁，便觉得忍受毒刑并不是十分痛苦的事了。

章节评析

　　本章中，江姐面对"竹签钉手指缝"的酷刑，展现出超凡的坚韧。"你们可以打断我的手，杀我的头，要组织是没有的。"江姐的话语掷地有声，铿锵有力，将共产党人坚定的信仰、不屈的意志展现得淋漓尽致。她以大无畏的精神直面敌人的迫害，用实际行动诠释了对党的忠诚，为了革命事业甘愿承受一切苦难。这一情节不仅生动地塑造了江姐光辉的**英雄形象**，也深刻地揭示了革命斗争的残酷性，从而更加凸显了《红岩》讴歌革命先烈、传承革命精神的主题。

▪ 第十六章 ▪

思维导图

第十六章
- 人物 ➡ 许云峰、余新江、孙明霞、刘思扬
- 地点 ➡ 渣滓洞
- 情节 ➡ 狱中举行新年大联欢，庆祝前线捷报 — 许云峰与余新江确认与地下党接上头 — 女监传递消息 — 许云峰深夜被押走

情节梗概

　　新入狱的同志带来了辽沈战役胜利、淮海战役捷报频传以及国民党重提和谈等好消息。恰值新年，胜利的喜悦让大家萌生庆祝新年的想法，恰逢此时，特务"猩猩"宣布新年期间优待被关

押的共产党，虽大家都明白这可能是敌人的阴谋，但也乐观地商议着**创作对联、交换礼物来庆祝新年**。新年当天，革命者们开展了一系列活动。先是唱歌，大家纵情高歌，歌声激昂。接着进行礼物交换，礼物虽简单却饱含心意。随后各牢房贴春联，这些春联都展现出革命乐观精神，如女牢的"洞中才数月，世上已千年"，横批"扭转乾坤"，楼一室的"歌乐山下悟道，渣滓洞中参禅"，横批"极乐世界"等。表演节目时，同志们热情高涨，有的扭秧歌，有的叠罗汉，用表演表达对黑暗势力的轻蔑。

联欢时，余新江发现新装的电线被拉断，特务的录音机失灵，他便与许云峰畅所欲言。许云峰指出，国民党的"和谈"提议其实是缓兵之计。他还说，如今特务采用明松暗紧的新策略，须小心应对。之后，孙明霞用女牢晾晒的衣服传递消息，余新江打开孙明霞的纸条得知监狱党组织与地下党接上关系，十分兴奋。然而，半夜时分，**许云峰又被敌人押走**的消息传来，大家震惊又担忧，意识到斗争形势依旧严峻。

原文节选

节选一

几个戴着脚镣的同志，在往常放风的地坝中间扭起秧歌。沉重的铁镣，撞击得叮当作响，成了节奏强烈的伴奏。欢乐的歌舞里，充满了对黑暗势力的轻蔑。看啊，还有什么节目比得上这种顽强而鲜明的高歌曼舞！

节选二

夜深了，人们蜷曲着身子，在春寒的夜里挤在一起，睡梦中互相用体温温暖着自己的同志……寒夜快点过去吧，明天该是一个最晴朗的好天气。

　　本章，狱中办"新年大联欢"的情节描写得十分精彩，其中给人最深印象的是"狱友"们跳秧歌的场景。这一画面形成了**强烈的视觉与听觉冲击**：脚镣本是敌人用以禁锢革命者身体的工具，却在此刻成为秧歌节奏的"伴奏"；秧歌本是来自民间的娱乐形式，此刻却成了革命者展现对敌人无比蔑视的武器。同时，革命者们跳秧歌庆祝新年，也凸显了共产党来自人民、服务人民的深刻主题。

▪ 第十七章 ▪

思维导图

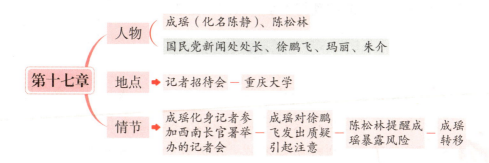

情节梗概

　　西南长官公署召开记者招待会，旨在宣扬国民党的和谈政策，迷惑大众。新闻处处长与徐鹏飞先后发言，大谈和平诚意。**成瑶化名陈静以记者身份参会。**会上，她抓住国民党新闻处处长发言

中的漏洞，犀利地质问关于被关押的杨虎城的问题，让国民党方面陷入尴尬。面对国民党高官的狡辩，成瑶毫不退缩，言辞有力，继续追问，使徐鹏飞等人疲于应付。徐鹏飞想拍下成瑶的样子，方便后期抓捕，成瑶机警地识破敌人的阴谋并巧妙应对。

与此同时，学生们为争取权益举行大规模请愿活动，他们高喊着反美、反内战、争生存、争温饱的口号，如汹涌的浪潮般冲进西南长官公署。徐鹏飞此前的部署被打乱，被困在办公室内，心情烦闷不已。他一边要应对学生的抗议，一边又收到兵工厂军火失窃、工人准备罢工等消息，这让他恼羞成怒，遂决定采取强硬手段镇压学潮。会后，陈松林找到成瑶。他严肃地批评了成瑶支持学生大示威的想法，同时向她详细地传达了市委的指示。陈松林指出，敌人正谋划着大规模的镇压行动，当前必须改变斗争策略，停止那些可能导致组织暴露的行动，转而隐蔽力量，为迎接解放做好充分准备。成瑶认真倾听，深刻反思了自己的行为，终于认识到自己的冲动与不足，最终决定服从组织的安排。

原文节选

中央日报记者毫不等待，举起照相机，对准成瑶。徐鹏飞燃起一支香烟，在旁边微笑。玛丽小姐的手臂，立刻像蛇一样紧紧缠住成瑶的腰身。成瑶明知不妙，但仍然文静地坐在那儿，微微含笑。她看见那按动快门的手指刚一动，便扭转身喊道："你们来照相呀！眼镜先生，你也来凑上一个！"这时候，清楚地听见背后"喀嚓"响了一下，她知道，留在那张底片上的，只是一张照花了的背影。

章节评析

本章中，成瑶机智逃脱特务"照相陷阱"的**情节**令读者心惊肉跳。身为地下党，成瑶深知保密工作是组织的生命线，稍有差池，不仅自己会被逮捕，而且还会连累同志甚至暴露组织。而特务给她照相的目的是留下她的正脸，方便在记者会后供敌人识别、追踪、抓捕她。于是，她机智而不突兀地在特务按下快门的瞬间假装扭头招呼旁人，从而挫败特务的留相片企图。这一连串行动，展现出她作为一名地下党强大的应变能力。此情节也侧面凸显出特务的恐怖——不容自由的声音，反而时时营造恐怖气氛。

▪ 第十八章 ▪

思维导图

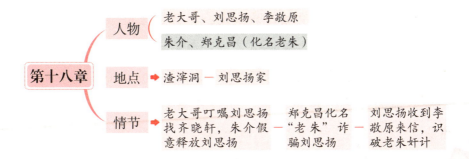

情节梗概

国民党特务假意释放刘思扬，不顾刘思扬的反抗，强行将他押出渣滓洞，然后又在刘思扬家中软禁他。他的行动受到诸多限制，自家周围布满了特务，刘思扬如同被困在无形的牢笼中。他

时刻想着逃脱并向外界揭露敌人的阴谋。一天夜里，自称是地下党员的老朱前来与刘思扬接头。老朱要求刘思扬书面汇报狱中党组织的情况，刘思扬心中十分矛盾。一方面，他渴望证明自己的忠诚，向党组织倾诉一切；另一方面，他又担心这是敌人的陷阱，毕竟狱中党组织的信息至关重要，不能轻易透露。经过一番思考，刘思扬觉得老朱的要求和态度都很可疑。就在刘思扬心生疑虑时，送奶工人悄悄传递给他一张来自李敬原的纸条，上面提醒他处境危险，**老朱是特务**，让他立刻逃离。刘思扬恍然大悟，明白自己差点陷入敌人的圈套。为了不让敌人觉察出异样，刘思扬决定稳住老朱。他装作配合的样子，准备找机会摆脱监视逃走。

原文节选

节选一

不管怎样，很快就要离开渣滓洞了。刘思扬深深地感到依恋。几分钟后，将离开朝夕相处的战友，离开这里坚强的集体，离开熟悉的牢房和将近一年来见惯了的一草一木。他将像个脱离队伍的战士，重新回到刚被捕时那种孤立无援的境地……渣滓洞，是黑暗恐怖的魔窟，但是对他，却成了锻炼真金，考验意志的冶炼场。

节选二

转过树丛，到了金鱼池边，金色和红色的鱼群，迎着云缝中透出的几缕朝阳的光彩，浮到水面，把圆圆的嘴唇半露的水面，怡然自得地悠游着。他茫然地站在池边，过了一会，看看表，已经七点多钟。报纸该来了。他穿过林荫路，回到楼房底下，靠着青石圆柱，在阶沿上站着。

章节评析

　　本章中，刘思扬这一艺术**形象塑造**得十分鲜明。刘思扬出身豪门，被捕入狱后，敌人碍于他的家庭背景，决定采用怀柔劝降的策略瓦解他。面对敌人的软硬兼施，他突破阶级局限，表现出坚定的革命立场。在狱中，刘思扬积极与其他革命者交流，虚心学习斗争经验。他目睹革命者们站在生死边缘、处于极度困苦的环境中，仍能坚守信念、坚定信仰、不断同残暴敌人作斗争，这令他不断反思自己的过去，努力克服因优渥的出身带来的思想局限性。在这个过程中，他积极融入集体，最终从一个富家子弟成长为真正的革命战士。他甚至发出"渣滓洞，是黑暗恐怖的魔窟，但是对他，却成了锻炼真金，考验意志的冶炼场"的感慨。

▪ 第十九章 ▪

思维导图

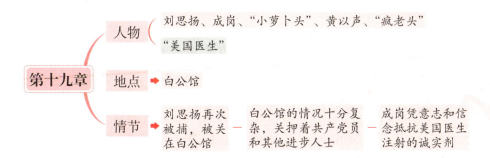

情节梗概

　　没等刘思扬逃走，敌人就再次将他逮捕。**刘思扬被押往白公**

馆，途中，他发现此地戒备森严，环境阴森。到达后，他被安排与成岗关押在一起。成岗因之前遭受多次审讯，对新入狱的刘思扬十分警惕，态度冷淡，这让迫切想要亲近同志的刘思扬有些苦恼。在白公馆，刘思扬观察到这里所关押的人身份复杂。有像黄以声将军这样的国民党军官，虽受优待但行动受限；还有"小萝卜头"宋振中，他是宋绮云（杨虎城秘书）的儿子，自小在狱中长大，十分聪明懂事，经常**在狱中为大家传递消息**；此外，还有一些曾经受蒋介石宠信，后因各种原因被关押的人。刘思扬还了解到，楼下关押的大多是共产党员，而他们被隔离在楼上，与楼下同志难以互通消息。

成岗经常被特务押去审讯，刘思扬十分担心他。一次，成岗被带到中美合作所特别医院，敌人给他**注射了"诚实注射剂"**，企图让他说出地下党的秘密。在药物作用下，成岗产生幻觉，但他凭借顽强的意志，始终坚守底线，没有吐露任何机密信息。白公馆暗藏危机，敌人的监视无处不在。

原文节选

他意识到某种严重的危险，正在袭来，敌人注射的，不是盘尼西林，而是另外的东西。盘尼西林的剂量，用的是国际单位，十万单位，二十万单位……这里说的是 c.c.，五个 c.c.……还叫数一、二、三……完全不是什么治疗，特务在给自己注射某种麻醉剂！成岗愤怒了，他要爆发，要大声痛斥特务的卑鄙，他决不受敌人的肆意摆布，他要翻身起来，揭穿特务的无耻勾当。

可是，他的身体不再接受神经的指挥。叫不出声，挣扎不动，像飘浮在软绵绵的云雾之上；而且，不再有自己的身体，不再有四肢和知觉，只剩下一个孤零零的头脑，头脑里只有酶醉的感觉，连这感觉也轻飘飘地浮悬在虚空中……

章节评析

成岗被带往中美合作所特别医院遭受"诚实注射剂"折磨这一情节，堪称全章高潮。敌人的手段卑劣与成岗的坚韧不屈形成对比，凸显出革命者钢铁般的意志。成岗在药物作用下产生幻觉却仍守口如瓶，敌人手段之残酷、革命者信念之强烈，实在令人震撼。这也让读者深切感受到革命斗争的残酷与壮烈。

▪第二十章▪

思维导图

第二十章

人物 ➤ 齐晓轩、成岗、刘思扬、"小萝卜头"、黄以声、"疯老头"

地点 ➤ 白公馆

情节 ➤ 齐晓轩告诉成岗刘思扬值得信任 — 刘思扬协助成岗办挺进报 — "小萝卜头"向成岗告别，并传递黄以声和杨将军的消息

情节梗概

刘思扬和成岗在白公馆里因齐晓轩的纸条而相认——彼此是共同参与《挺进报》工作的同志。于是他们二人正式建立信任，刘思扬因此也开始参与秘密工作。成岗继续用仿宋字和变色铅笔编写《挺进报》，刘思扬则协助放哨，两人配合默契。这份《挺进报》通过牢房的水管盛水槽进行传递，这条专门用来传递消息的

秘密通道多年来从未被敌人发现。

本章对"小萝卜头"（宋振中）在白公馆的生活也有诸多交待。他在学习之余，天真地观察着周围世界。一天，他抓住一只漂亮的小虫，可想到小虫失去自由会难过，便又放走了它，还憧憬着解放后能坐飞机回家。然而，突如其来的消息将这份平静打破——**"小萝卜头"突然被告知要和妈妈"转移"到贵州**，他前来向成岗告别，并送给他一幅画着黎明的水彩画，画中充满他对自由和美好未来的向往。同时，他还向成岗透露了地牢里关了人的线索，他说，地牢关进来一个重要人物，地牢环境恶劣，自己一直没机会打听清楚，他对此深感愧疚。

"小萝卜头"离开后，成岗和刘思扬越发关注敌人的动向。不久，他们看到特务们匆忙搬运中美合作所第九档案室的文件，还将大量档案焚毁。二人意识到敌人在销毁罪证，可能在策划更阴险的阴谋。当晚，黄以声将军冒险送来报纸，带来了振奋人心的消息——**解放军横渡长江**。毛主席、朱总司令下达了进军命令，百万雄师正挥师南下。成岗和刘思扬得知这一消息后，内心充满希望，坚信革命即将取得胜利，敌人的末日即将来临。他们在这黑暗的监狱中，怀揣着对胜利的期待，继续坚守，准备迎接黎明的曙光。

原文节选

小萝卜头若有所思地停住了手。他把盒子重新打开，轻声说道：

"飞吧，你飞呀！"

虫子终于轻轻扇动翅膀，飞起来，缓缓飞出栏杆，一会儿就看不见了。小萝卜头高兴地拍着手叫：

"飞了，飞了，它坐飞机回家去了！"

回过头来，小萝卜头把火柴盒还给铁窗里的刘思扬。

"解放了，我们也坐飞机回去！"

章节评析

本章对"小萝卜头"放飞囚禁的小飞虫的情节描绘得极为生动。"小萝卜头"放飞小飞虫的行为也颇具**隐喻意义**。小飞虫被关在盒子里，正如"小萝卜头"被困于狱中，失去自由。他放飞小飞虫，表达他对自由的向往，他希望自己也能像小飞虫一样摆脱束缚。他说"解放了，我们也坐飞机回去"，借小飞虫的"放飞"，表达出对未来获得解放、回归正常生活的美好憧憬，这表现出他虽身处黑暗却始终怀揣光明希望，侧面也显示出国民党政权不得人心。

■第二十一章■

思维导图

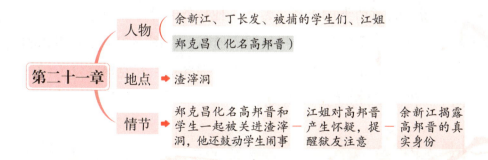

第二十一章

人物：余新江、丁长发、被捕的学生们、江姐 郑克昌（化名高邦晋）

地点：渣滓洞

情节：郑克昌化名高邦晋和学生一起被关进渣滓洞，他还鼓动学生闹事 — 江姐对高邦晋产生怀疑，提醒狱友注意 — 余新江揭露高邦晋的真实身份

情节梗概

随着局势的变化，渣滓洞的气氛愈发压抑。一天，余新江所在的楼七室新关进了几个人，包括受伤昏迷的"高邦晋"和三个年轻学生景一清、霍以常、小宁。大家热情地照顾"高邦晋"，余新江发现他左腿受伤严重，听学生们讲述，他是在二处黑牢遭受了名为"披麻戴孝"的美国刑法的折磨。在后续的相处中，**"高邦晋"的一些言行引起了余新江的怀疑**。他先是对学生们说一些看似关心实则可疑的话，还急切地向余新江打听许云峰、成岗的下落，甚至询问余新江是不是监狱党组织的负责人，声称有绝密情报要报告。余新江不动声色，按照狱中党组织的规定，谨慎应对。放风时，"高邦晋"故意煽动学生，向他们讲述水池是战友们通过斗争争取来的，还说自己找到了党，引得学生们兴奋不已。随后，学生们因倒水与特务发生冲突，"高邦晋"不仅不制止，反而鼓励学生们喊啦啦词，与特务对抗。江姐听到喊声后，敏锐地察觉到不对劲，认为这背后有人指使。江姐判断，这不符合党的斗争策略，于是让孙明霞通知各室不支持这种错误行动。特务借此机会给学生们钉上重镣。特务还假装审讯高邦晋，把他"抓走"片刻又放回来。余新江见状假装离开，"高邦晋"以为有机可乘，去查看余新江故意留下的纸条，**暴露了他特务的身份**。原来，高邦晋就是郑克昌，受特务头子指使混入监狱，企图寻找狱中党组织和狱外地下党的联系。余新江等人当场揭穿他，郑克昌在众人的逼问下，供出了特务的部分计划。

原文节选

余新江犹豫了一下，从高邦晋的语气里，听得出来，他要向党报告的事情，比他解释的还要重大而且紧急。但是，狱中党组织，早已根据老许留下的意见，作了严密的规定：任何人不得暴露党的组织。余新江被指定来和这批新来的战友接触，并且重点了解这个姓高的人，那么，除了他自己而外，不能对新来的人暴露更多的党员，更不能说出党的组织。

余新江不再迟疑了。他立刻冷静地回答道：

"我就是监狱党的负责人。"

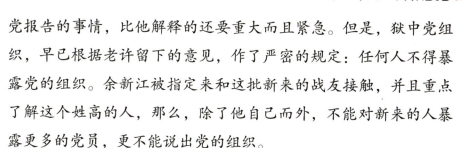

章节评析

本章使用**"巧设悬念"的艺术手法**，巧妙设置情节，使得故事极具张力，不仅推动了全书故事发展，更深化了作品主题。以"高邦晋"、景一清为代表的新人物登场，给原本沉闷的氛围带来全新变化，瞬间勾起读者强烈好奇心，吸引着大家的目光。"高邦晋"更是引起读者的关注。他急切地打听许云峰、成岗的下落，还不断试探余新江的身份，读者自然而然地顺着余新江的视角，对"高邦晋"的真实身份产生深深怀疑。这种悬念的巧妙设置，紧紧抓住读者的心，让大家急切地想要探寻背后的真相。随着故事的深入发展，"高邦晋"不断违背组织原则——组织学生对抗看守、伪造伤口等细节被余新江、江姐、孙明霞等革命者掌握，他的身份几乎坐实。余新江精心设计、伪造信件，成功揭露了"高邦晋"的特务身份——他是郑克昌。这一情节的安排既出人意料，又在情理之中，顺利解开之前设置的重重悬念，让读者顿时恍然大悟。同时，这一章也显示出余新江作为一名工人阶级出身的共产党的成长，在被捕入狱前，他主要从事工人运动，随着与叛徒甫志高、郑克昌、渣滓洞等特务的斗争以及与江姐等经验丰富的

老地下党员的并肩作战，他逐渐成为一名沉着冷静，善于判断的成熟的革命者。

▪ 第二十二章 ▪

思维导图

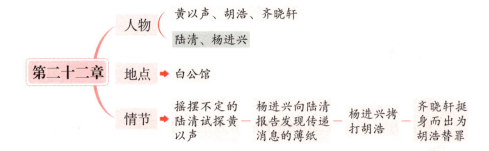

情节梗概

解放军的强大攻势使得国民党节节败退。白公馆所长陆清此时正焦虑不安，他时常枯坐家中，通过**偷听共产党广播**来判断时局。为了给自己谋条后路，他决定找和共产党走得近的黄以声将军谈话。此时，白公馆的看守长杨进兴发现胡浩在阅读写着关于中共七届二中全会新闻的薄纸。陆清等人由此判断他们**发现了活跃在白公馆的"地下"活动**。

特务们对胡浩严刑拷打，逼问薄纸来源，但胡浩坚称是自己所写，坚决不牵连他人。成岗和刘思扬听到胡浩的惨叫，虽然心痛却坚持遵守组织纪律没有贸然行动。为救胡浩，已暴露的齐晓轩挺身而出，**声称薄纸是自己给胡浩的**。陆清和杨进兴怀疑齐晓轩，对他进行笔迹鉴定，结果他的字迹与纸条字迹相同。面对特务的怒火，齐晓轩从容应对，称消息是在管理室报纸上看到的，并在报纸上给特务指出相关内容。陆清虽有疑虑，但也只能暂时接受这个结果。得知纸条的消息来自自己办公室的报纸，陆清担心此事会给自己带来麻烦，于是命令杨进兴别再提及薄纸，同时加强对狱中"犯人"的看管，把共产党员集中关押，企图防止党员越狱。他还准备继续追查狱中党组织与狱外地下党的联系。

原文节选

节选一

他不能不做最不幸的打算，万一别人都到台湾，真要他留在大陆上，他总不该白白地走上死路一条。想到这里，他不能不感到恐惧和绝望。双手沾满了血，他对共产党从来没有好感，更不想脱离"团体"，可是，蝼蚁尚且贪生，如果能够知道共产党对待特务分子的详细政策也好。古语说，狡兔三窟，能多留条后路，也不无好处。

节选二

还在《挺进报》刚刚发行的时候，齐晓轩和他的战友就研究过成岗写字的特征，一直学着他的字迹。多年的监狱生活，教会了他们预先防备一切可能发生的意外。这一次，事情正发生在齐晓轩的牢房里，按照事前的约定，到了不可避免的时候，齐晓轩就挺身站了出来，保卫组织，保卫自己的同志。

章节评析

随着国民党的节节败退，战争的局势逐渐明朗。本章中对陆清**心理活动的描写**，生动地呈现了反动特务集团内心的脆弱和毫无信仰、唯利是图的委琐心境。从陆清偷偷听共产党的广播，以及"他不能不做最不幸的打算"可知，当双方的斗争陷入生死存亡的状态，这些特务首先考虑的并非所谓的"使命"，而是自身生死与利益。一旦战局变化，他们就会收起平日里凶蛮狡诈。例如，陆清为给自己谋后路找和共产党走得近的黄以声将军谈话。这充分展现出书中特务集团"喻于利"的小人特质。这种情节深刻揭示了特务阶层的腐朽与自私，他们将个人利益凌驾于一切之上，因而他们的溃败具有历史必然性。

▪ 第二十三章 ▪

思维导图

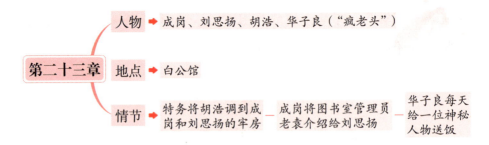

第二十三章

人物 ➤ 成岗、刘思扬、胡浩、华子良（"疯老头"）

地点 ➤ 白公馆

情节 ➤ 特务将胡浩调到成岗和刘思扬的牢房 ── 成岗将图书室管理员老袁介绍给刘思扬 ── 华子良每天给一位神秘人物送饭

情节梗概

　　成岗和刘思扬被押到楼下牢房，为分隔齐晓轩和胡浩，特务把胡浩也关到了这里。他们发现新牢房比楼上宽敞，且能通过铁窗监视敌人。一天，刘思扬看到"疯子"华子良给隧道深处的人送饭，被关押者身份不明，此前由特务送饭，近期才换成华子良。

　　刘思扬还意外发现**白公馆有图书馆**，便和胡浩、成岗一同前往。图书馆内书籍杂乱，多是反动书籍，但也藏有一些进步书籍。刘思扬找到《简明哲学辞典》和《罗亭》，并发现《罗亭》上有车耀先的笔迹。他还得知图书馆是罗世文、车耀先领导大家斗争的成果。回到牢房后，刘思扬临摹马克思的像贴在《读书偶译》封面上，成岗对此表示担忧。夜里，刘思扬发现胡浩偷偷写字，成岗告诉他胡浩已坚持多年。

后来，刘思扬在图书馆门口听到老袁念唐诗。他还看到成岗和齐晓轩进入图书馆，自己进去后却不见二人踪影，而且一本自己之前贴画像的书封面被撕掉。老袁看见刘思扬便斥责他说，他的行为可能会引起敌人注意。

原文节选

节选一

……牢狱里一片静寂，鸦雀无声，刘思扬缓步走到牢门边，他发现，几乎每个牢房，每个人，都在静静地看书。他立刻醒悟了：这里不仅有复杂的斗争，而且有顽强的学习。在渣滓洞的时候，他就曾经想过，如果在集中营里能够读书，他一定要好好地把自己武装起来。失去自由，但不能失去思想，他深深地觉察到战友们专注的学习，正是一种顽强的战斗。

节选二

"思扬同志。"刘思扬抬头看见了一对责难他的眼睛。"不应该这样毫无必要地，招引敌人的注意。任何时候，任何细小的麻痹轻敌，都会带来血的教训！"老袁冷冷地说："这不是勇敢。这和蔑视敌人的英雄气概毫无共同之处。"

章节评析

本章中，"牢狱里一片静寂……每个人，都在静静地看书"的

场景给人留下深刻印象。恶劣的牢狱环境是敌人从精神上瓦解革命者的手段，可被囚于白公馆的革命党们却没有自怨自艾、一蹶不振，反而展现出蓬勃的生命力。敌人妄图通过禁锢肉体来消磨革命者意志，但战友们专注学习革命理论的行为，是对敌人的公然反抗。首先，这一权利是白公馆已牺牲的先代革命者罗世文、车耀先带领狱中战友们通过革命斗争的方式争取来的，因而读书这一行为本身在白公馆就意味着对先代革命者的纪念和对革命精神的传承。其次，这一行动具有深刻的象征意义：读书象征着思想解放，而这也是对国民党专制统治的一种无声反抗。最后，新中国即将诞生，革命者们在狱中不放弃学习，这体现了他们对解放战争的胜利、对新中国充满信心，他们在自觉地学习，为建设新中国作干部储备。

·第二十四章·

思维导图

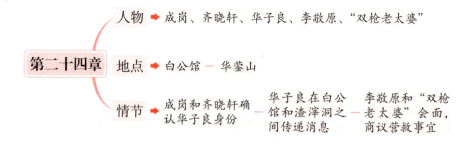

情节梗概

刘思扬找不到的成岗和齐晓轩其实就在图书馆楼板下，他们商议着如何将"国民党准备炸毁重庆"的重要情报送出，以及如何配合渣滓洞的同志实行越狱计划。此时，华子良突然出现，原来他的身份竟是先前的华蓥山纵队党委书记，他表明自己受罗世文安排，接下了"装疯隐藏身份并在必要时候配合地下党完成工作"的任务。华子良说地窖里的"神秘人"是许云峰，并带来了许云峰的信件。许云峰的信中写着，他在地窖中**挖掘着一条越狱通道帮助狱友越狱**。

另一边，华子良借助与特务出门采购的机会把白公馆内地下党的消息传递出去。李敬原收到华子良送出的信后，与"双枪老太婆"会面。他传达了保全重庆、营救同志的指示，"双枪老太婆"得知丈夫华子良还活着，心情激动。她接下任务——全力营救监狱里的同志，并协助党组织挫败敌人毁灭山城的阴谋，保护重庆。各方力量都在为解救同志、保护城市、迎接解放而努力，而华子良则成为连接狱中同志与外界的关键纽带，在危险中承担起重要使命。

原文节选

节选一

齐晓轩说着，忽然停顿了。头顶上，传来图书管理员老袁朗诵的声音：

月落乌啼霜满天……

"有人来了。"齐晓轩低声说着，又倾耳静听着楼板外面继续传来的声音，成岗屏息坐着，一动也不动。

节选二

地窖，也许是敌人认为最"安全"的地方，没有特务来日夜看守。许云峰一开始就觉得：对敌人的这种疏忽、若不充分利用，

那是一种软弱和错误。世界上没有奇迹，但是坚定顽强的战士，却可以做出常人认为无法做到的事。能不能在这毫无希望的地底，挖出一条脱险的通道呢？

章节评析

　　本章中老袁吟诗这一情节颇为精彩。在二十三章，刘思扬来图书馆时，就有关于老袁吟诗的描写，这实际上是**"设悬念"艺术手法**的运用。到了本章谜底揭开——原来老袁吟诵"月落乌啼霜满天，江枫渔火对愁眠"等诗，并非是在单纯欣赏诗歌之美，老袁看似是在抒发个人情思，实则是以诗句为暗号向地板下的成岗和齐晓轩传递楼上的情况。这种将革命信息隐匿于诗词之中的方式，让原本紧张压抑的氛围变得更加神秘莫测，极大地增强了故事的可读性与吸引力，同时也彰显了革命者们的机智谨慎。

■第二十五章■

思维导图

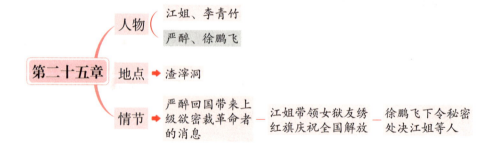

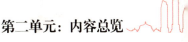

情节梗概

中华人民共和国成立的消息传来，徐鹏飞为如何在西南站稳脚跟而费神。**严醉从美国回来**，摇身一变，成为美国代表团的一员，他还带来了美国代表团决定提前分批"密裁"渣滓洞、白公馆关押的共产党员的消息，徐鹏飞随即开始策划相关行动。

渣滓洞女牢里，江姐、孙明霞、李青竹等同志得知**新中国成立**的喜讯，心情十分激动。她们决定在珍藏已久的**红旗上绣上五颗星**——这红旗是"监狱之花"母亲留下的，通过这样的方式来想象着新中国的美好未来。

窗外的"梆梆梆"声打破了黎明的宁静，特务**假意通知江姐和李青竹收拾东西准备转移**。江姐已经知道特务意图杀害她，但为了稳住局面，她决定从容就义。她将头发梳理得一丝不苟，换上蓝色旗袍和红色绒线衣，亲吻了"监狱之花"，又与战友们一一告别。李青竹同样坚强，她拒绝特务递来的手杖，拖着断腿毅然前行，江姐则扶着她，二人就此牺牲在革命胜利的前夜。

原文节选

"孩子，心爱的孩子！你看红旗，这是你爸爸妈妈留下来的……"江姐连连亲着"监狱之花"的脸，又爱怜地凝视着孩子亮晶晶的眼睛，她似乎觉得幼稚的孩子完全能够听懂她的话：

"孩子啊，快点成长吧！叔叔娘娘们将举起这面红旗，去参加战斗，还要亲手将红旗托付给你。孩子啊，你要记着：当你长大了，当你的孩子也从你手上接过红旗那天，你要面对红旗回答——你是否为保卫红旗而生，为保卫红旗而战，为保卫红旗而贡献了问心无愧的一生。"

章节评析

本章中，新中国成立的消息传遍了渣滓洞和白公馆，反动势力狗急跳墙，决定"密裁"所有被关押的革命者。在这种情况下，江姐和李青竹两位革命者从容赴死的**场景**便格外感怀人心。正当江姐、李青竹满心欢喜，与战友绣红旗憧憬未来时，敌人却借着"转移"的名义骗二人走出渣滓洞监牢，江姐心知要赴死，但她镇定自若，精心梳妆，亲吻"监狱之花"、鼓励其余的战友们继续革命，她将共产党员视死如归的大无畏精神表现得淋漓尽致。李青竹同样令人动容，她拖着断腿拒绝手杖，毅然赴死，她的刚强再为本书的英雄群像添上浓墨重彩的一笔。

▪ 第二十六章 ▪

思维导图

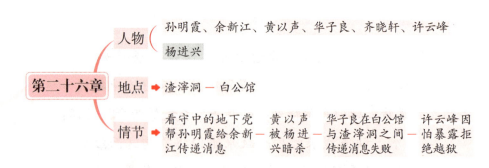

第二十六章

人物：孙明霞、余新江、黄以声、华子良、齐晓轩、许云峰、杨进兴

地点 ➡ 渣滓洞 — 白公馆

情节 ➡ 看守中的地下党帮孙明霞给余新江传递消息 — 黄以声被杨进兴暗杀 — 华子良在白公馆与渣滓洞之间传递消息失败 — 许云峰因怕暴露拒绝越狱

情节梗概

渣滓洞女牢战友借放风晾衣服之机传递信件，孙明霞向男牢

革命者暗示衣服口袋中有信。余新江等人准备取信时，"猩猩"察觉有异，立刻命令特务搜查衣服。关键时刻，潜伏为"看守员"的地下党同志暗中帮忙，将女室的信藏到了搜过的衣服中。余新江拿到信，发现原来那竟是江姐的遗书，她建议加强与白公馆的联系并尽量提前行动。"老大哥"得知后，通知大家晚上学习江姐精神并检查越狱的准备工作。与此同时，白公馆的杨进兴以去"梅园谈话"的名义，将黄以声将军诱骗出监牢，黄以声将军虽察觉异样，但坦然赴死，在途中被杨进兴从背后偷袭杀害。

华子良此前常利用挑菜机会为狱中同志传递情报，但敌特采取的"换防"措施使得华子良和党组织安排在渣滓洞潜伏的值班看守接应失败。晚上，他与齐晓轩交换了监狱外的最新情况，齐晓轩综合考虑了当前情况：共产党给黄以声准备的匕首已暴露、许云峰为保护集体逃生隧道不暴露故而不愿意逃走等，决定让**华子良趁机撤离**，给负责解救白公馆、渣滓洞的地下党武装做向导。第二天，正在做饭的华子良被特务带上卡车，准备送往国民党游击训练总部。

原文节选

在血泊里挣扎着，黄将军勉强把手伸进衣袋，再也无力把手从衣袋里抽出来。前些时候，从他听说杨虎城将军和小萝卜头全家已经被害以后，便知道了自己的命运，他把共产党人送给他自卫的武器，带在身边，准备必要时，搏击敌人。却没有料到，狡猾的杨进兴躲在背后，突然射击。

黄将军困难地昂起头来，口里流着鲜血，全力吼了一声："消灭国民党法西斯……"颓然扑倒在血泊里。

章节评析

　　本章中，通过**细节描写**的艺术手法塑造黄以声将军的形象。黄以声将军英勇就义的情节给人留下深刻印象。黄将军在知晓"小萝卜头"一家遇害后，心知自己的性命恐怕也难以保全，所以他并不被特务"梅园谈话"的谎言所蒙蔽，反而拿起共产党为他准备的匕首准备寻求时机与特务搏斗，没想到却被特务背后偷袭，含恨而亡。特务搜刮黄以声身上的财物时，也被他怀中未来得及抽出的匕首所震撼。黄以声将军在身亡的前一刻，还在想着与敌特抗争，这种誓死不屈的伟大精神正是红岩精神的一部分。

▪第二十七章▪

思维导图

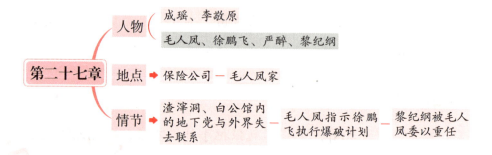

情节梗概

　　胜利已经临近，市委要求地下党开展迎接解放的工作，李敬原负责组织"护厂斗争"和抢救集中营战友。天快黑的时候，李敬原到达保险公司，与成瑶会面。成瑶与他交流了长江兵工总厂的斗争状况，并告诉李敬原该厂党组织提出诱捕特务头子的计划。

李敬原认为这虽有难度，但能打乱敌人部署，决定与相关人员详谈。

然而，此时渣滓洞地下党与白公馆地下党的联系中断，李敬原得知华子良被特务紧跟，原本负责联络的"看守员"下落不明，营救工作面临极大困难。李敬原明白要抢在敌人的破坏行动前面做好安排，于是他继续积极部署，安排成瑶去磁器口联络站传达党从兵工厂抽调人员配合游击队突袭中美合作所的指示，并让她去綦江等候联络。一切部署完毕，磁器口联络站的负责人告诉李敬原，他们和白公馆地下党的联络也完全断了。

徐鹏飞在电话中向毛人凤汇报了包括加强特区防守、更换集中营看守人员等行动。后来因毁坏重庆的爆破计划执行遇到困难，徐鹏飞又前往毛人凤处与毛人凤商议。此时，严醉和黎纪纲也来拜访。严醉还因在处理工厂问题时展现出的"能力"得到毛人凤赏识，被破格提拔为少将，负责破坏川康两省的地下活动，这引起徐鹏飞的不满。毛人凤想派徐鹏飞到西藏去，徐鹏飞大发牢骚，还十分失态地在毛人凤面前将酒杯掷于地下。恰在此时，长江兵工总厂稽查处报告发现共产党在开会，黎纪纲自告奋勇前去捉拿，妄图"立功"。

原文节选

黎纪纲放慢了声音，深有体会地说："代表团布置的密裁、爆破、游击、潜伏四大任务，正是要让共产党在不堪负担的重压之外，再尝点苦头。我们的任务，就是如何送给共产党一副最破最烂的烂摊子！"说完话，黎纪纲闪动目光，扫视着几位上司，企图博得赞赏。

章节评析

本章运用了**对比突出手法**，对于革命者与反动派两大阵营的分别描写，深刻揭示了革命者之所以取得胜利的原因。作者通过双线叙事使得敌我阵营形成鲜明对照，地下党虽面临联络中断、同志生死未卜等诸多困境，但仍能依靠彼此间的信任与默契继续战斗；国民党在美国反动势力的支持下，内部却还是因权力倾轧陷入混乱。这种对比揭示了历史的必然走向——革命者将生死置之度外，反动派却为私利互相倾轧，这使得胜负早已注定。

• 第二十八章 •

思维导图

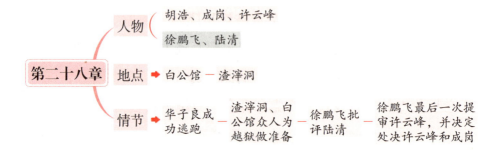

第二十八章

人物：胡浩、成岗、许云峰　徐鹏飞、陆清

地点 → 白公馆 — 渣滓洞

情节 → 华子良成功逃跑 — 渣滓洞、白公馆众人为越狱做准备 — 徐鹏飞批评陆清 — 徐鹏飞最后一次提审许云峰，并决定处决许云峰和成岗

情节梗概

白公馆内，胡浩向成岗递交入党申请书，表达自己对共产主义的向往和为革命献身的决心，还拿出用铁片磨成的钥匙，展现出他为越狱积极做准备的态度。严厉谨慎的成岗不禁为胡浩对党的真挚感情所感动。

另一面，华子良成功逃跑，徐鹏飞得知后恼怒不已，下令沿路搜查追捕。他亲自到白公馆检查工作，而成岗等人却松了一口气，因为这代表**华子良已脱险**。成岗告知了刘思扬，华子良是自己人，刘思扬不禁对其充满敬意。

黎纪纲前去抓捕成瑶时，中了地下党设下的圈套后失踪。这一情况让白公馆所长陆清十分紧张，代表团副团长要求立刻成立行刑队，当天处决所有被关押的共产党。徐鹏飞在处决行动前，来到地窖会见许云峰。许云峰虽身体虚弱，但面对徐鹏飞，他坚定从容，毫不畏惧死亡，他认为，为革命事业牺牲是光荣的。随后，**许云峰和成岗被敌人投入镪水池，二人英勇就义。**

原文节选

节选一

成岗看完信，像接受一颗火热的心那样，确信无产阶级战斗的行列里，将增加新的一员。这样的入党申请书，他多么愿意向所有的战友们宣读。然而，他不能这样做，火热的手终于把信笺折叠起来，暂时夹进书本。……沉默中，胡浩的手又轻轻插进衣袋，取出了一件什么东西，紧紧地捏住，悄悄递给成岗。像希望得到谅解似地低声说道："这是我做的一点准备。"

落进手里的，是一小块硬硬的东西。成岗低头一看，原来是一把铁片磨成的钥匙，一把用来打开牢门的钥匙。

节选二

许云峰无动于衷地笑了笑。"这点，我完全可以奉告。我从一个普通的工人，受尽旧社会的折磨、迫害，终于选择了革命的道路，变成使反动派害怕的人，回忆走过的道路，我感到自豪。我已看见了无产阶级在中国的胜利，我感到满足。风卷残云般的革

命浪潮，证明我个人的理想和全国人民的要求完全相同，我感到无穷的力量。人生自古谁无死？可是一个人的生命和无产阶级永葆青春的革命事业联系在一起，那是无上的光荣！……"

章节评析

本章从**人物塑造**的角度看，对胡浩的描写颇为动人。胡浩用铁片磨成的钥匙和浸透血泪的入党申请书，标志着他完成了从蒙难青年到革命战士的精神蜕变。这个细节极具象征意义——当敌人用铁锁禁锢自由时，革命者却用信念锻造出破狱的钥匙，将苦难化作信仰的火种。

▪ 第二十九章 ▪

思维导图

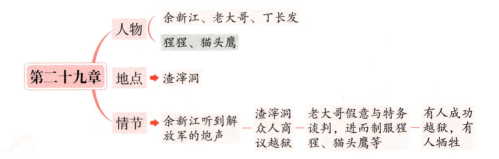

情节梗概

渣滓洞的同志们与外界失去联系，处于孤军奋战的艰难境地。余新江守在牢门口，密切监视着敌人的动向。此时，他听到了隐隐约约的炮声，起初他以为是雷声，后来又怀疑是敌人在爆破工

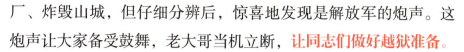

厂、炸毁山城，但仔细分辨后，惊喜地发现是解放军的炮声。这炮声让大家备受鼓舞，老大哥当机立断，**让同志们做好越狱准备**。

敌人决定派遣行刑队在解放军到来之前**处决所有关押在集中营的地下党**，"猩猩"为了稳住局势，欺骗大家说西南长官公署已接受解放军条件，和平解放重庆，还称两小时内会有专车送大家去解放军司令部。老大哥识破了他的谎言，要求与西南长官公署直接谈判，并一面假装让大家收拾行李准备随时行动，一面暗中提醒大家准备越狱。"猫头鹰"前来诱捕老大哥，被早有准备的同志们一举制服。余新江趁机夺过钥匙，迅速打开楼下一、二室和女牢的门。战友们还缴获了敌人的武器，他们拿着缴获的武器**与敌人展开激烈战斗**，丁长发带领小组奋勇阻击敌人，掩护全队突围。在战斗中，许多战友不幸牺牲，但大家毫不退缩。余新江在给女室开门时，孙明霞高举着五星红旗冲了出来，还拾起了余新江掉落的《铁窗小诗》。最终，部分同志成功越狱，而**丁长发等一些战友壮烈牺牲**。

原文节选

铁门敞开着，没有人影，战斗早已推进到铁门外面去了。余新江向着枪声密集，呐喊不绝的方向冲去。正要跨出铁门时，眼前突然一亮，一阵火光迎面袭来。空气里充满了汽油味，像着了火似的燥热。他踉跄了一下，扑倒在地上。接着，又是一道火流凌空扫过，熊熊烈焰，立刻在四面燃烧起来。敌人的火焰喷射器扫过的地方，烈焰飞腾，墙壁、屋架，吱吱爆裂。余新江周身着火了，顿时，他的脸上，臂上，烧起了大块大块的血泡。浓烟和火舌不断卷来，冲进鼻孔，烫着皮肉。余新江蜷缩身躯，在地上滚动着，扑灭了身上的火焰。这时候，他才发现，在他身边，横躺着许多战友的躯体。血水正从他们身上涌出，流泻在地上。火光中，摊摊血水，闪烁着腾腾热气和耀眼的红光。

"中国共产党万岁！"

"毛主席万岁！"

前面，熊熊火光中，机枪狂鸣中，传来了高亢的呐喊声，这是多少战友，倒卧在毒火与血泊中最后的呼声。

章节评析

本章**景物描写**的手法运用得十分突出。景物描写在此不仅是环境渲染，更是人物精神世界的外化。敌人用火焰喷射器攻击革命者，象征着邪恶的毁灭性力量；余新江扑灭身上火焰的动作，则隐喻着革命者在绝境中自我救赎的力量；而燃烧的花园与弹雨中的呐喊，则暗示着旧世界的崩塌与新世界的分娩。这种将景物描写与革命叙事深度融合的手法，使《红岩》超越了简单的英雄史诗，成为一曲用生命谱写的精神交响。

▪ 第三十章 ▪

思维导图

第三十章	人物	刘思扬、胡浩、齐晓轩、华子良 徐鹏飞、沈养斋
	地点	→ 特务指挥部—白公馆
	情节	→ 徐鹏飞接二连三收到不利消息，处于崩溃边缘 — 白公馆众人越狱，刘思扬、胡浩、齐晓轩等人牺牲 — 华子良带领解放军前来接应 — 重庆迎来解放

情节梗概

解放军攻势猛烈，国民党部队节节败退。徐鹏飞在指挥部内坐立难安——綦江大桥爆破计划落空，炸药被截获，兵工厂厂长失踪，工人集体护厂，多项部署接连受挫。更令他暴怒的是渣滓洞发生越狱事件，他当即下令用机枪封锁白公馆出口，企图消灭革命者，并计划炸毁长江兵工厂，但因工人顽强抵抗未能成功。

此时白公馆内，刘思扬与胡浩正等待突围时机。原定以冲锋号为行动信号，但齐晓轩发现渣滓洞狱友已经开始越狱，敌人因此撤走不少兵力，果断决定提前行动。众人通过许云峰生前秘密挖掘的地道成功出逃，这条凝聚着烈士心血的地下通道成为关键突破口。

越狱过程中，**刘思扬不幸中弹牺牲**，临终前将许云峰的钢笔郑重交给齐晓轩。队伍抵达悬崖时，胡浩为掩护战友与敌人一同坠入深谷。齐晓轩坚守崖顶吸引火力，身中多枪仍巍然挺立。危急时刻，华子良率解放军及时驰援。伴随冲锋号响起，敌军探照灯突然熄灭，突围队伍抓住时机成功脱险。黎明破晓之际，重庆宣告解放，昭示着无数革命者的鲜血终于浇灌出胜利的曙光。

原文节选

节选一

"扫射吧！"他把双手叉在腰间，一动也不动地分开双脚，稳稳地踏住岩石。"子弹征服不了共产党人！"齐晓轩苍白带血的脸上露出冷笑，让鲜血从洞穿的身上流出，染遍了脚下的红岩……

节选二

炮声隆隆，震撼大地。

晨星闪闪，迎接黎明。

林间，群鸟争鸣，天将破晓。

东方的地平线上，渐渐透出一派红光，闪烁在碧绿的嘉陵江上。湛蓝的天空，万里无云，绚丽的朝霞，放射出万道光芒。

章节评析

本章艺术特色十分鲜明。本章为全书的结尾，以描绘自然图景的**诗性之语**收束全书，运用了**隐喻的艺术手法**，将天之破晓与新中国的建立联系起来，预示着革命理想在血与火的锤炼中最终胜利。炮声与晨星交织的意象，构成了黎明前最壮丽的乐章——隆隆炮声既是解放军进军的号角，也是革命者用生命奏响的英雄交响曲；闪闪晨星既是自然界的启明星，更是如江姐、许云峰这般的无数先烈用热血点亮的精神灯塔。当群鸟在林间争鸣，朝霞染红嘉陵江时，革命者用鲜血和斗争换来的黎明终于破晓，这种从黑暗到光明的跨越，正是马克思主义真理在东方大地的史诗性胜利。

第二单元练习题

一、选择题

1. "竹签钉入十指"这一情节主要刻画的人物是（　　）。

A. 许云峰　　　　　　B. 江姐

C. 成岗　　　　　　　D. 刘思扬

2. 《红岩》中靠"装疯传递消息"的革命者是（　　）。

A. 华子良　　　　　　B. 许云峰

C. 齐晓轩　　　　　　D. 老大哥

二、填空题

1. 甫志高擅自扩大_____的规模，导致地下联络站暴露。

2. 在暗无天日的地窖里为同志们挖逃生通道的是_____。

三、阅读分析题

阅读以下段落，回答问题：

"毒刑拷打是太小的考验，竹签子是竹做的，共产党员的意志是钢铁！"

1. 从修辞角度赏析这句话的表达效果。

_____

_____

_____

2. 结合江姐原型江竹筠的事迹，说明作者设置这一情节的文

学意义。

_____

_____

_____

四、形象分析题

《红岩》中，作者对"监狱之花"和"小萝卜头"宋振中两个形象着墨不多，但这两个形象却给读者留下深刻印象，请分析作者设置这两个形象的深意。

_____

_____

_____

五、实际应用题

设计一项以"《红岩》革命精神传承"为主题的校园活动方案。

_____

_____

_____

_____

《红岩》导读

·小册子·

点击名著知识点

一、作者简介

《红岩》由罗广斌（1924—1967）和杨益言（1925—2017）共同创作。罗广斌出生于四川忠县（今属重庆市），出身封建官僚家庭，父母皆系国民党员，哥哥更是蒋介石嫡系将领。1944 年初，罗广斌在马识途的帮助下进入西南联大附中读书，由此开始接触革命思想，结交革命青年与共产党人。1945 年，罗广斌在马识途的介绍下加入了"民青社"（中共地下外围组织），并在学生运动中发挥巨大作用。1948 年，他正式加入中国共产党，同年，因叛徒的出卖而被捕，辗转囚禁于渣滓洞、白公馆集中营。1949 年 11 月 27 日，在国民党反动派制造的大屠杀中，他成功策反看守人员杨钦典，带领难友越狱。

杨益言原籍四川武胜县，青年时期参加学生运动，1948 年因参加进步活动被捕，被关押于渣滓洞，重庆解放前夕获救。

二、写作背景

该小说以 1948—1949 年解放战争时期，重庆地下党同国民党反动派的斗争为创作背景。解放战争末期，国民党政权濒临崩溃，但在国统区（尤其是重庆），国民党仍然在残酷镇压革命、残害革命党，他们还通过军统、中统等特务机构大肆逮捕和迫害共产党员及进步人士。故事发生的主要场所：重庆的渣滓洞、白公馆监狱，位于重庆西部沙坪坝区歌乐山下。这里关押了大量受迫害人士，这些人包括共产党员、进步学生等爱国人士。1949 年 11 月 27 日，国民党在溃逃前对被关押者实施了集体屠杀（即"11·27 大屠杀"），仅少数人幸存。罗广斌、杨益言正是这些幸存者中的两位。

新中国成立后，罗广斌、杨益言与同为幸存者的刘德彬共同创作了革命回忆录《在烈火中永生》，书中如实记录了他们在狱中的所闻及亲身遭遇。

三、内容梗概

《红岩》主要讲述了新中国成立前夕、重庆解放前，重庆地下党被捕的革命战士以及一大批进步分子、青年学生等，齐心协力、奉献出鲜血和生命，与国民党反动派进行顽强斗争并取得最终胜利的故事。

《红岩》为我们塑造了一组鲜活的革命英雄群体形象。这里有不同年龄、不同性别、不同经历的被关押者，他们都有一个共同的目标：为新中国而战，为自由和民主而战。他们都具有威武不屈、忠贞不渝、视死如归的美好品质。正是烈士们的鲜血把巍峨耸立的红岩染得更加鲜艳。

四、主要人物

许云峰——作者着力刻画的人物之一。他是重庆地下党的领导者之一，在他身上比较集中地体现了无产阶级革命者的才干、品质和气魄。他在作品中以一个坚定、勇敢、老练、机智的地下党领导者形象亮相。他足智多谋，立场坚定，具有非凡的胆识和善于应变的才能。后被叛徒甫志高出卖，被捕入狱。许云峰具有不被敌人压倒的大无畏气概和勇于献身的崇高精神。在狱中，他与徐鹏飞针锋相对，他以顽强的毅力挖通了监狱通向狱外的地道，敌人欲杀害他，他为不暴露地道，自己带着必胜的信念从容就义，把地道留给了战友。

江姐——作者着墨最多的女性形象。她是一个具有丰富的斗争经验和极高的警惕性的地下工作者：当亲眼看到残忍的敌人把自己丈夫的头颅挂在城门上时，她为了及时完成任务，免于暴露，避免组织受到损失，以坚强的革命意志克制悲痛，化悲痛为前进的力量，勇敢地接任起丈夫的革命事业；面对叛徒甫志高的无事献殷勤，她一眼就看出了他的险恶用心；在受到敌人"竹签扎手指"的酷刑时，她视死如归，宁死不屈，对党的秘密守口如瓶；就义前，她神态平静，举止从容，始终带着胜利的笑容。

成岗——他16岁加入中国共产党。作为厂长，他向工人们宣扬共产主义精神，鼓励他们进行工人运动；同时他还负责党的地下刊物《挺进报》的刻印工作；后来他在家中被捕，辗转关押于渣滓洞、白公馆看守所，在敌人的威逼利诱下，他始终坚持自己的气节，还在白公馆办了"狱中挺进报"。后与许云峰一道被特务杀害。

刘思扬——虽然出身于资产阶级家庭，但是他放弃了家里优渥的条件，而为革命事业不懈奋斗，直至献出生命；他有着丰富的内心世界和坚定的革命信仰，至死没有玷污党的荣誉，是知识分子中的楷模。

小萝卜头——是在狱中长大的孩子，遇害时不满9岁。他天真无邪，学习非常刻苦，记忆力很强，尊敬老师，常常帮助狱中难友传递消息。遗憾的是，重庆解放前夕，他还没能看到外面的世界就不幸遇害。

华子良——潜伏最深的共产党员，他忍辱负重、忠贞不屈，因装疯卖傻而被人们称为"疯老头"。他被关押在白公馆，特务被他的演技迷惑，还带他去磁器口买菜；他利用"疯子"身份在狱中传递消息，为越狱的计划做出了巨大的贡献；敌人的"提前分批密裁"计划启动后，他逃到了解放区，做了党解救狱中同志的向导。

双枪老太婆——为华蓥山游击队的司令员，领导华蓥山游击武装斗争，因善使双枪被人誉为双枪老太婆，是华子良的妻子。叛徒甫志高就死于双枪老太婆手中。

徐鹏飞——一个反面人物形象，他凶残、狠毒，肆意迫害革命者；他有着丰富的特务工作经验，善于采用攻心战术抓住对方弱点，瓦解对方意志。他的凶残、狡诈，衬托出革命者的崇高伟大。

甫志高——一个可恶的反面形象。他原本是一名重庆地下党员，后因被捕害怕被严刑拷打而叛变，把党的秘密和盘托出，交代出了许云峰、江雪琴等人，对地下党组织造成了极其巨大的破坏。他是一个贪图享乐、缺乏革命精神的典型，是遭人唾弃的"软骨头"。

五、主题思想

《红岩》通过对"渣滓洞""白公馆"集中营等主要场景发生的故事的记叙和对其中人物形象的刻画，反映了重庆解放前夕光明和黑暗的殊死较量。1948—1949年，全国大部分地区都已经解放，光明触手可及。可是在国民党反动派统治下的重庆还在进行着残酷的斗争。小说有三条线索：坚强不屈的革命者的狱中斗争、华蓥山革命根据地的武装斗争、重庆地下党领导的工人运动，主要线索是狱中斗争。作者通过对狱中斗争的描写，真实地重现了共产党的崇高无畏、勇于奉献和国民党反动派的惨无人道，揭露了敌人极端凶残和色厉内荏的本质，歌颂了革命志士为真理而斗争的坚强意志和大无畏精神。

六、写作特点

采用多线结构，情节跌宕。《红岩》的结构错综复杂又富于变化全书通过一些重点人物的活动，将重庆地下党员同国民党反动派在白公馆、渣滓洞集中营的斗争、重庆地下党领导的工人运动和学生运动，以及华蓥山革命根据地的武装斗争等三条线索交织成一个整体。

通过多种描写手法刻画人物。小说通过对人物的心理活动、语言、动作等进行描写塑造人物，刻画了众多有血有肉、可歌可泣的革命英雄形象。

小说的语言风格朴实无华，却富有浓烈的感情色彩，在对人物进行语言描写时，往往采用极具诗情的语句，如江姐面临敌人拷打时所说的。

七、备考名句

1. 她的脚步不断踏进泥泞，一路上激起的水花、泥浆，溅满了鞋袜，她却一点也不知道。这时，她正全力控制着满怀悲愤，要把永世难忘的痛苦，深深埋进心底。

2. 人民革命的胜利，是要千百万人的牺牲去换取的！为了胜利而承担这种牺牲，是我们共产党人最大的骄傲和愉快！

3. 毒刑拷打是太小的考验，竹签子是竹做的，共产党员的意志是钢铁。

4. 让五星红旗插遍祖国每一寸土地，也插进我们这座牢房。

5. 人生自古谁无死？可是一个人的生命和无产阶级永葆青春的

革命事业联系在一起，那是无上的光荣！

6.漆黑的夜空，像浸透了墨汁。细雨飘零的云层缝隙中，间或透出点点红色绿色的灯火。那是在高空夜航的运输机，从云层中掠过，夜航灯，就像红绿的流星，一纵即逝。

模拟试题满分演练

一、作品文学常识

1. 下列有关文学常识和名著阅读的表述，有错误的一项是（ ）

A.《乡愁》《红岩》《春》《威尼斯商人》四篇课文，从文学体裁上来分类，依次属于诗歌、小说、散文、戏剧。

B.20世纪上半叶法国著名的人道主义作家罗曼·罗兰写作的《名人传》，叙述了贝多芬、米开朗琪罗和奥斯特洛夫斯基的充满苦难和坎坷的一生，赞美了他们的高尚品格和顽强奋斗的精神。

C.我国戏曲剧中人物由生、旦、净、丑等不同行当来充任。我国古代的年龄也有特定的称谓：总角和垂髫代指童年，及笄指女子十五岁，弱冠指男子二十岁。

D.吴敬梓笔下的范进、鲁迅笔下的孔乙己，作为读书人，虽然他们最终的命运不同，但这两个人物形象都能反映出封建科举制度对知识分子的毒害。

2. 下列情节叙述与原著相符的一项是（ ）

A.青面兽杨志先在黄河丢了生辰纲，后在黄泥冈丢失花石纲，不得不落草桃花山，并投奔梁山，最终在征方腊时病逝。

B.《挺进报》是解放战争时期中共地下党在重庆出版的秘密报纸，前身是《彷徨》。

C.简·爱儿时曾被表哥里德关进红房子，九年后再次回到盖茨海德府看望中风的里德舅妈时，在谭波尔小姐的劝解下与表哥里德和解。

D.虎妞嫁给祥子后，希望祥子拉车养家，但祥子却提出用虎妞的嫁妆买车出租来养家，后因祥子生病耗光了所有的积蓄。

3. 下列关于名著表述完全正确的一项是（　　）

A.《水浒》中，宋江的绰号"拼命三郎"，和他相关的故事情节有"三打祝家庄""私放晁天王""误入白虎堂"等。

B.《格列佛游记》中，格列佛躲在箱子里，不料箱子被老鹰叼走，于是他就从慧骃国直接来到了大人国。

C.《儒林外史》中，周进中举后因喜极而疯，被岳父胡屠户一巴掌打醒，众人态度从此前倨后恭。

D. 罗广斌、杨益言都是白公馆集中营的幸存者，他们亲身经历了黎明前血与火的考验，目睹了许多革命同志为革命牺牲的壮烈场面，根据这些亲身经历，于 1957 年写出了革命回忆录《烈火中永生》，随后在这个基础上创作了长篇小说《红岩》。

4. 下面对文化常识及文学名著表述不正确的一项是（　　）

A.《朝花夕拾》中《藤野先生》一文，记录了鲁迅在日本仙台留学期间与藤野严九郎先生的师生情谊，表达了作者对藤野先生的深切怀念。

B."特务机关的分布像一只黑色的蜘蛛网，那只巨大的毒蜘蛛，只有他才是这里一切的主宰。"那只毒蜘蛛是徐鹏飞。

C.《童年》是高尔基以自身经历为基础创作的自传体小说三部曲中的第一部（其他两部分别为《在人间》《我的大学》）。

D.《三国演义》中有这样一位人物，长坂坡桥头一声大吼，吓得百万大军魂飞魄散，他就是粗中有细、勇而有谋的李逵。

5. 下列关于文学作品的表述有误的一项是（　　）

A.《西游记》中"三打白骨精""真假美猴王""三借芭蕉扇"等故事家喻户晓。

B.《红岩》中提到的"中美合作所""渣滓洞""白公馆"都是特务的巢穴，集中了国民党特务机构中最狡诈、最凶恶的力量。

C."其实地上本没有路，走的人多了，也便成了路"是鲁迅《社戏》中的一句名言。

D.《钢铁是怎样炼成的》主人公保尔·柯察金在双目失明、全身瘫痪的情况下，仍然坚持写作，最终完成了小说《暴风雨所诞生的》。

6. 下列各项表述有错误的一项是（　　）

A. 奥楚蔑洛夫是苏联作家契诃夫所著《变色龙》中的主人公，这篇小说紧扣"变"字，刻画了沙皇忠实走狗的丑恶嘴脸，揭露了资本主义社会的黑暗腐朽。

B. 法国作家都德的小说《最后一课》描述了大家认真而凝重地上最后一节法语课的情景，表达了法国人民崇高的爱国精神。

C.《红岩》这部小说包含了对中国共产党人精神品质最高度的概括，典型的代表人物是许云峰和江姐。

D. 我们学过鲁迅的《故乡》，这篇课文以祥林嫂为主人公，她经历了两次丧夫，一次丧子。

7. 下列与名著相关的说法，正确的一项是（　　）

A. 为了表示和谈的"诚意"，集中营假意释放了一些政治犯，来自资本家家庭的共产党员刘思扬是其中之一。在他被送回刘公馆的第二天夜里，一个名叫"老朱"的人潜入刘家，说自己受区委书记李敬原的委派，前来了解刘思扬在狱中的表现，并要他详细汇报狱中地下党的情况。正巧，组织上派人送来情报，揭穿了这个"老朱"的特务身份。

B.《儒林外史》中，匡超人临终前因灯盏里点着两茎灯草而迟迟不肯咽气，这一细节讽刺了封建士大夫的极端吝啬。

C.《海底两万里》是凡尔纳的三部曲的第一部。书中的尼摩船长是个知识渊博的工程师，他设计建造了"鹦鹉螺号"潜艇。

D. 冰心的《繁星》和《春水》兼采中国古典诗词和法布尔哲理小诗之长，善于捕捉刹那间的灵感，以千言万语书写内心的感受和思考，充分展现对母爱与童真的回味，对大自然的崇拜和叹服，对人生的感悟和赞美。

8. 下面有关文学文化常识的表述正确的一项是（　　）

A.《从百草园到三味书屋》《阿长与＜山海经＞》《社戏》都出自鲁迅先生的自传性散文集《朝花夕拾》。

B. 在我国古代文学作品中，常常用"桑梓"代指家乡，"婵娟"代指月亮，"丝竹"代指音乐，"桃李"代指老师，"鸿儒"代指博学之士。

C.《水浒传》中塑造了许多传奇英雄，像鼓上蚤时迁、小李广杨志、神行太保戴宗等，各个身怀绝技，个性鲜明。

D. 小说《红岩》出版后在社会上引起强烈反响，被誉为"共产主义的奇书"，并被翻译成多种外文，在国内外为中国社会主义文学赢得了巨大声誉。

二、作品主要内容

名著比较阅读。

（A）

他计划写一部关于英勇的科托夫斯基骑兵师的中篇小说，书名不假思索就出来了：《暴风雨所诞生的》。从这一天起，他把整个身心扑在这部书的创作上。他缓慢地，一行又一行，一页又一页地写着。他忘却一切，全部身心都沉浸在书中的人物形象当中，也初次尝到了创作的艰辛。

1. 这段文字出自小说《钢铁是怎样炼成的》，作者是原苏联作家_____，文中的"他"指的是小说主人公_____。

2. 请你说出《钢铁是怎样炼成的》书名的含义。

_____

_____

（B）

我的"自白书"

任脚下响着沉重的铁镣，任你把皮鞭举得高高，我不需要什么"自白"，哪怕胸口对着带血的刺刀！

人，不能低下高贵的头，只有怕死鬼才乞求"自由"；毒刑拷打算得了什么？死亡也无法叫我开口！

对着死亡我放声大笑，魔鬼的宫殿在笑声中动摇；这就是我——一个共产党员的"自白"，高唱凯歌埋葬蒋家王朝！

3. 这段文字出自小说_____，上述"自白书"的作者是_____。

4. 请谈谈你对"红岩"二字的理解。作为新时代的年轻人，应该如何继承和发扬"红岩"精神？

_____

_____

三、作品阅读鉴赏

阅读下列名著片段，回答问题。

孩子，你只有这么一张照片，黑白相纸中的你，睁着大大的黑眼睛，露着两颗玉米粒般的门牙，就像一只稚气未脱的小兔子。孩子，你要原谅你的爸爸妈妈，就因为太爱你和千千万万个你，他们才那么早便带你上路，寻找自由、平等、和平的理想之光。这是一条艰难之旅，铺满了血肉和尸骨，斗争在你们之前便已开始，在你们之后也不会结束，为此，尚未长大的孩子也被称作了烈士。

1. 文中的孩子是指《红岩》中的 _____。

2. 《红岩》中这个小孩子为烈士，而作者为什么要强调"其实你还是个孩子"？

_____

_____

3. 这段中有"斗争在你们之前便已开始，在你们之后也不会结束"一句话，请用一个成语概括这句话的意思。

_____

_____

四、综合训练

阅读下列文段，回答问题。

不少人都是通过我的笔知道了格尔木城的这个望柳庄。可是，有谁知道格尔木城起始于望柳庄，有谁知道望柳庄的第一棵柳树何时栽下，又有谁知道一位将军在飞雪的戈壁滩播种春天的故事。

五十年前的那个初春，昆仑莽原上弥漫的风沙卷着雪粒石子在狂吼，格尔木混沌一片。春天在哪里？

一位军人攥着一棵柳树在敲格尔木冬眠的门：醒来吧，我要给你换新衣！他挥锹铲土，一锹铲下去，沙地上就铲出了个盆状的坑坑，格尔木的第一棵树便栽在了这坑里。这个军人就是修建青藏公路的总指挥慕生忠将军。

还是在修路队伍离开西宁途经湟源县城时，慕生忠买了一百棵杨柳树苗。【甲】他对随行人员说："我们要做第一代格尔木人，我们要在格尔木扎根安家。人和树一起扎根，这根才扎得牢靠！"

一百棵树苗，都栽在了刚刚撑起的帐篷周围。一共两大片，杨柳分栽。

第二年，这些小苗落地生根，绿茵茵的叶芽把戈壁滩染得翠翠的，叫人看着眼馋。将军给两片树林分别命名为"望柳庄"和"成荫树"。

直到现在，第一次看到望柳庄的情景还历历在目。那天午后，我从拉萨执勤回到格尔木，车刚行驶到转盘路口就抛锚了。我无法承受迎面扑来的风沙无情的撕打，便顺势走向路旁的一排平房，站在了房檐下。一抬头，门楣的方砖上"望柳庄"三个红漆大字，格外醒目。也就在这时候，我发现平房前的沙滩上横七竖八地半躺半立着一棵棵树苗。这就是将军带领大家栽的那些柳树，有的已经被沙土埋得不见真面目了。这些树站在冬风与春风之间，经受着风沙的考验，他们要告别寒冬实在不容易；要把春天迎来，路途也很艰难。(1)在我的感觉里，他们是亭亭站立的硬汉子。此时，昆仑芬原突然间变得亲切起来，我的眼前仿佛绿树成荫，鲜花遍地。

风沙还是那么大，可它绝对吹不走我心中这春天的世界。

听说，当风沙停止以后，慕生忠带着同志们把那些倒地的树苗一棵一棵都扶了起来，培好土。【乙】他边收拾残局边对大家说："吹倒一次，咱扶它一次。吹倒一百次，咱扶它一百次，直到它可以结结实实地站在沙滩上为止。"

又是一个烈日暴晒的午后，我看到望柳庄前不远的戈壁滩上，一群人围着一个坟堆默默静立，空气好像凝固了一样。埋的什么入？我心中疑惑着。

弄清真相是后来的事。望柳庄有三株柳树死了，慕生忠把三棵死去的柳树掂在手中，端详了几番又几番，末了，【丙】他说："它们毕竟为咱格尔木绿了一回，是有功之臣。应该把它们埋在沙滩上，还要举行个葬礼。"于是就出现了这个土丘——独特的柳树墓。这戈壁滩上死去的树，人们没有遗忘它，常有格尔木人给那土丘浇水。谁也没想到，人们有心无意浇的水，唤醒了死去的柳树。到了第二年夏天，土丘上冒出了一瓣嫩芽儿。那芽儿一天一个样，由小变大由低变高……

经过了一次死亡的墓柳，活得更潇洒更坚强了。青铁的叶子泛着刚气，粗褐的枝干储存着力量。（2）大风刮来它不断腰，飞沙扑面它不后退，寒冬腊月它依然挺立。

时间年年月月地消逝着。望柳庄前的柳树越来越多，树片越来越大。杨柳成林，浓密成荫……

青藏公路通车到拉萨后不久，彭德怀元帅来到格尔木，就住在望柳庄。【丁】慕生忠对彭老总说，自己百年之后，就安葬在格尔木，这样能天天望见昆仑山。自己这一辈子什么都可以舍弃，就是离不开格尔木，离不开昆仑山。

1994年10月18日，84岁的慕生忠将军在兰州与世长辞。10月28日，将军的子女们护送着他的骨灰，踏上了昆仑山的土地……

随着将军的骨灰撒向高天，昆仑山忽然飞起了漫天的雪花，天地皆白！此刻，覆盖着积雪的望柳庄格外庄严、神圣……

1. 下列说法不正确的是哪一项？（　　）

A. 选文明写树扎根的经过，暗写人扎根的经过，写树扎根的艰难暗示了人扎根的艰难。

B. 选文第⑦段中"我心中这春天的世界"是指此时的望柳庄已经是绿树成荫，鲜花遍地。

C. 选文表现了以将军为代表的一代建设者无私奉献的高尚品质，表达了作者的赞颂与崇敬之情

D. 选文结尾部分的景物描写，渲染了悲壮的气氛，突出了将军感天动地的崇高精神，从而升华了文章的主题。

2. 选文第⑤段慕生忠给两片树林分别命名为"望柳庄"和"成荫树"，请根据文意说说将军这样命名表达了他哪些心愿。

3. 选文善用修辞，用词富有表现力，请从文中画线的（1）（2）两处中选择一处进行赏析。

---

4. 下面的链接材料可以帮助我们更全面地了解慕生忠将军，请综合文中【甲】【乙【丙】【丁】四处对将军语言的描写和链接材料，说说将军是一个怎样的人。

【链接材料】

人们这样评价慕生忠——他是青藏公路的缔造者，更是格尔木的奠基人。整个修路过程中，他和筑路工人们同吃同住，甚至还在医疗条件十分恶劣的情况下，共同用缝衣针缝合脚后跟上的裂口。青藏公路开通后，在拉萨举行了声势浩大的庆祝仪式，刚刚从工地上下来的将军还没来得及换上军装，穿着一件和工人们一样的旧棉袄，风尘仆仆来到会场，那一幕令许多人潸然泪下。

名著读后感

《红岩》读后感

最近，我在老师的指导下读完了《红岩》这本书。书中描写了许云峰英勇斗敌，舍己为人；江姐受尽酷刑，坚贞不屈；成岗临危不惧，视死如归；刘思扬出身豪门却投身革命；渣滓洞难友团结奋斗，令敌人丧胆，白公馆志士奋勇突围，最终迎来黎明……众多革命英雄的形象及其事迹展现在我的眼前，令我的内心既充满了对英雄的崇敬，也充满了对敌人的愤恨。

最令我难忘的是许云峰将要被特务匪徒秘密杀害的那段描写："死亡，对于一个革命者，是多么无用的威胁。"他神色自若地移动脚步，拖着锈蚀的铁镣，不再回顾立在两旁的特务，径自跨向石阶，向敞开的地窖铁门走去。他站在高高的石阶上，忽然回过头来，面对跟随在后的特务匪徒，朗声命令道："走！前面带路。"面对着步步逼近的鬼门关，许云峰没有表现出丝毫的害怕，反而更加坚定革命信念，即使海枯石烂、天崩地裂，也不会动摇。还有江姐被粗长的竹签钉入指甲缝间的场景，她受着刺骨钻心的疼痛，特务们丧心病狂地想从这位重要的共产党员口中套出有关地下党的机密，但他们一次又一次地失败了。书中还描写了在那潮湿腐臭的渣滓洞、白公馆，近乎窒息的铁牢里，像许云峰、江姐这样的战士们经常在严重缺水的情况下咽着发馊的残羹冷炙，强忍着旧脓新创袭来的阵阵巨痛……无论遭遇怎样的酷刑与考验，革命者们始终以常人无法想象的毅力顽强地与反动派抗争到底！

对这些可敬可佩的战士，国民党反动派只能对他们的肉体进行非人的折磨，却摧毁不了他们顽强的意志！读着这些英雄的事迹，我感动得无法自已，在他们面前，我感到深深的愧疚——想起自己以前生活中遇到不顺心的事或小挫折，便轻易想到放弃。如今，这些英勇不屈的仁人志士使我明白了：越是在铺满荆棘的路上，就越需要我们坚定信念、忠于理想；越是困难的时候，就越需要坚定不移的精神和不屈的斗志。

"晨星闪闪，迎接黎明。林间，群鸟争鸣，天将破晓。东方的地平线上，渐渐透出一派红光，闪烁在碧绿的嘉陵江，湛蓝的天空，万里无云，绚丽的朝霞，放射出万道光芒。"这是书中对解放战争胜利后的第一个黎明的描写。这一片生机勃勃的景象是无数战士用鲜血换来的，他们血染红岩，才有我们今天的幸福生活。幸福的日子容易使人忘记什么叫英勇、坚贞；安逸的生活、美好的享受，使人淡忘了血与火的历史，也使人麻痹了精神。我要感谢《红岩》这本"红色经典"，它为我树立了榜样，使我对人生价值有了崭新的理解，它将促使我成为一个真正的人，一个英勇坚强的人！

模拟试题满分演练答案

一、作品文学常识
1.B　　2.B　　3.D　　4.D　　5.C　　6.D　　7.A　　8.D

二、作品主要内容
1. 奥斯特洛夫斯基　　保尔·柯察金（保尔、柯察金）

2. 钢是在烈火里煅烧、高度冷却后炼成的，因此它很坚固。主人公保尔·柯察金就是在革命的熔炉中，从一个工人子弟锻炼成长为一名具有钢铁般意志的无产阶级战士的。小说用保尔的成长经历诠释了书名的含义。

3.《红岩》　　成岗

4. 红是革命的颜色，岩石又是非常坚硬的物质，革命者在狱中坚持斗争坚韧不拔，就像红色的石头一样。红岩精神是我们中华民族民族精神的重要组成部分。

红岩精神是我们中华民族民族精神的重要组成部分，是民族精神、时代精神、共产主义精神的有机统一，是历史留给我们的宝贵精神财富，是中华民族的精神瑰宝。它曾激励几代中国人奋发向上，尽管现在我们所处的时代和面临的任务与产生红岩精神的时代背景不同，但它仍然是激励我们开拓进取的强大精神动力，仍然是当代青年学生进行自我教育的宝贵资源。

崇高理想的实现需要经过无数代人的不懈努力，需要后人继承革命前辈的遗志，学习革命前辈的精神，发扬艰苦奋斗作风。只有把过去的光荣传统变成未来的营养和坚实基础，才有利于理想的实现。

三、作品阅读鉴赏
1. 小萝卜头

2. 作者意在说明小萝卜头是个孩子，他不是政治犯，他是无罪的，进一步揭露反动派连一个孩子也不放过的惨无人道的本质。

3. 前赴后继

四、综合训练

1.B

2.将军希望种下的杨柳能够绿树成荫，更希望人们能在格尔木真正安家立业。

3.示例：（1）这个句子用拟人的修辞方法，生动地表现了柳树艰难而不屈的生长历程。一个"站"字让人仿佛看到了柳树挺立在戈壁滩上与风沙搏斗的情形，而"迎"字又写出了柳树乐观坚定的信念。所以，"一个亭亭站立的硬汉子"的形象就呼之而出了。

（2）这一句中的"不断腰""不后退"等词语语极富表现力，赋予了墓柳战士般的刚毅与坚强，生动地表现了经过了一次死亡的墓柳，更珍惜生命，更具有战斗的勇气与智慧。排比句既具体展现了死而复生的柳树与恶劣环境抗争并已深深扎根的胜利者的形象，又一气呵成，增强了语言的气势，极富感染力。

4.示例：通过文中四处对慕将军语言的描写和链接材料，我们可以看出，面对恶劣的生存条件，将军无所畏惧，以他的坚毅顽强带领着战士们在格尔木安家立业；他率先垂范，与筑路工人们同甘共苦，表现了一个革命者乐观执着、尤私奉献的崇高精神。

第三单元：阅读提升

  想要读懂《红岩》，理解《红岩》的深刻内涵，就需要深入地感受书中英雄人物魅力以及那些人物身上所闪现的信仰力量和人性光辉，研究著作的艺术特色与表现手法，提炼与升华主题思想，汲取历史智慧与精神力量。这可以帮助读者提升对革命历史的认识和理解，从而提升自己的精神境界。

一、人物形象解析

《红岩》中出场人物众多，斗争错综复杂，作者既着力于塑造英雄群像，如江姐、许云峰、成岗、"双枪老太婆"……个个都独具光彩；又未忽略对反面人物的刻画，作者摒弃了简单化、脸谱化的写法，着重从矛盾冲突、人物关系中去解剖反面人物的灵魂，如特务头子徐鹏飞"把杀人当作终身职业"，揭示敌人的反动本质。

（一）正面人物形象分析

《红岩》中的正面人物各具特色，各自在革命斗争中扮演着重要角色，他们共同构成了这部小说中丰富多样的人物群像，展现了中国共产党人坚定的信仰与不屈的精神。

正面人物普遍展现出坚强、勇敢、机智、忠诚等优秀品质，在革命斗争中表现出高度的责任感和牺牲精神。他们严格遵守组织原则，工作严谨务实，实事求是。在面对敌人的威胁和诱惑时，他们坚定不移地守护党的秘密，甚至不惜牺牲自己的生命，是红岩精神的代表。

许云峰

人物档案

姓名：许云峰

核心原型：许建业、罗世文

别称：老许

性别：男

被捕前职务：重庆地下党工运书记

性格特点

◆ **机智老练，具有高度的警惕性和冷静的判断力**。通过与陈松林交流的只言片语，他迅速判断出书店情况，并通知陈松林及时转移。

◆ **革命信念坚定，始终坚守共产主义信仰**。面对敌人的拷打，他展现出不屈的革命意志。

◆ **具有强烈的自我牺牲精神**。他展现出舍己为人的大义，在狱中为狱友挖掘生路——一条地道，敌人决意"密裁"他时，他为掩护这条生路不暴露，慷慨赴死。

◆ **具有出色的领导才能**。他入狱前任职重庆地下党市委委员和工运书记，擅长动员和组织工人阶级进行工人运动，在被叛徒暴露前，曾有效地建立和维护了党的地下网络。后来，他即使身陷国民党之囹圄，仍能发挥精神领袖的作用。

主要活动

◆ 许云峰发现书店内有特务踪迹后，当机立断撤销联络站，转移人员并掩护同志撤离，以免党组织遭受更大破坏。

◆ 许云峰在茶园与李敬原接头时，叛徒甫志高带特务突袭，许云峰主动暴露身份吸引敌人注意，掩护李敬原安全撤离，自己被捕入狱。

◆ 入狱之初，面对特务头子徐鹏飞审讯时，许云峰冷静应对，巧妙引导其作出错误判断，让特务以为自己依然领导着成岗、领导着《挺进报》，保护地下党组织安全。

◆ 在敌人设计的"鸿门宴"上，许云峰当场揭穿国民党妄图捏造

"国共合作"的骗局，将宴会变为批判反动派的讲台。

◆ 许云峰被关押于白公馆的地牢中，他挖通石壁，为狱友开辟越狱通道。

江姐

人物档案

姓名：江雪琴

核心原型：江竹筠

别称：江姐

性别：女

亲属：丈夫彭松涛、儿子彭云

性格特点

◆ **信念坚定，理想崇高。**江姐不惜为革命牺牲一切，面对丈夫彭松涛牺牲的噩耗，她强忍悲痛，毅然选择继续斗争，将情感转化为革命动力，始终将革命事业置于个人生死之上。

◆ **坚韧不屈，意志如钢。**江姐被捕后受尽酷刑仍坚守党的秘密，面对敌人用竹签刺手指缝的酷刑，她以"竹签子是竹子做的，共产党员的意志是钢铁"回应，展现了超乎常人的毅力。

◆ **冷静理智，智慧果敢。**在突发危机中（如甫志高叛变、船上突然搜查等），她总能冷静分析形势，果断决策，保护同志和组织安全。

◆ **情感深沉，外刚内柔。**她对同志关怀备至：如照顾"监狱之花"、鼓励年轻战友孙明霞，展现出母性般的温暖。

主要活动

◆ 在去川北的路上，当看到丈夫的头颅被挂在城头时，她悲痛欲绝，但为革命事业，她很快就隐藏了悲痛的感情，和华为重新赶路。

◆ 在渣滓洞集中营里，江姐面对特务们的威逼利诱及各种酷刑，她始终坚贞不屈，哪怕遭受如竹签钉手指等刑罚也绝不屈服。

◆ 判断出甫志高已经叛变，江姐以谈话的方式与甫志高及特务周旋，从而掩护华为安全撤离。

◆ 江姐在狱中一直组织狱友同特务斗争。

◆ 听到新中国成立的消息后，江姐激动不已，号召狱友们绣一面五星红旗来庆祝这一历史性时刻。

◆ 江姐临赴刑场前留下遗书鼓励剩余的狱友们继续斗争。

李敬原

人物档案

姓名： 李敬原

性别： 男

职务： 重庆地下党特委书记

性格特点

◆ **老练持重，隐忍内敛。**李敬原外貌"干练而深沉"，他戴着墨框眼镜，目光"藏在镜片后"他极少表露情感，即使偶尔流露情绪，也仅是"眼角一笑即止"，展现出极强的克制力。

◆ **冷静果决，是一名临危不乱的领导者。**茶园突发危机，李敬原面对敬爱的同志在自己眼前被抓捕，他没有选择意气用事地"杀出一条血路"，反而与老许默契配合，从容脱身，以免组织遭到更严重的损失。

◆ **情感内敛，外冷内热。**成岗等同志被捕后，他虽然表面上不动声色，却在暗中尽自己最大的努力在狱外做组织营救集中营的同志的部署，他还将成岗的妹妹成瑶引入革命队伍，并时常帮助她伪装身份逃脱敌人的迫害。

主要活动

◆ 李敬原作为重庆地下党的主要负责人，积极参与并领导了重庆及川东地区的包括武装斗争等多种形式的革命斗争。

◆ 领导《挺进报》的刊印、发行工作，通过《挺进报》传递党的声音，揭露敌人的罪行，鼓舞了广大革命群众的斗志，为革命事业作出了巨大贡献。

◆ 帮助成瑶伪装成记者陈静等身份，参加革命运动。

◆ 重庆解放前夕，他还领导部署华蓥山武装纵队等配合解放军挫败敌人破坏重庆的工业设施、营救被困集中营的地下党等活动。

"双枪老太婆"

人物档案

姓名：未知

别称："双枪老太婆"

核心原型：邓惠中、陈联诗、刘隆华

性别：女

亲属：丈夫华子良、儿子华为

性格特点

◆ 英勇无畏，枪法高超。"双枪老太婆"是华蓥山武装纵队的"司令员"，她凭借着双手百发百中的枪法，被敌人和革命者称为"双枪老太婆"。

◆ 豪爽直率，刚强自信。面对反动派特务的"悬赏"厥词，笑问："你看我值不值得到那么多银子？"反动派听后心惊胆战。

◆ 富有反抗精神。她出身于被封建主义官僚压迫千年的农民阶级，在接受共产党的新思想后，带领儿子华为等家人积极参与革命反抗压迫者。

◆ 内心细腻柔软，富有同志间的友爱情怀。她虽然知道彭松涛牺牲的消息，却有意隐瞒江姐；在江姐知道这个消息后，又动情地安慰江姐；得知江姐被捕后，她一直想法设法营救江姐。

主要活动

◆ "双枪老太婆"以勇敢和智慧著称，手持双枪带领游击队在华蓥山地区与国民党反动派进行了长期的武装斗争。

◆ 江姐丈夫牺牲，"双枪老太婆"怕江姐伤心，作出了隐瞒江姐这个消息的决定。

◆ 江姐被捕，"双枪老太婆"曾率领游击队在路上劫军车，计划营救被押往重庆的江姐。但狡猾的反动派把押送江姐的时间改为半夜、交通工具改为快船，致使"老太婆"的计划失败。

◆ "双枪老太婆"击毙了出卖江姐的叛徒甫志高，为江姐等被出卖的同志"报了仇"，也为革命事业清除了内部的蛀虫。

成岗

人物档案

姓名：成岗

核心原型：陈然

性别：男

亲属：妹妹成瑶

性格特点

◆ **他具有坚定的革命信仰和坚强的意志力。**即使遭受被毒打至血流不止、被注射"诚实注射剂"等酷刑，仍然保持宁死不屈的精神，不肯向敌人暴露半点党的秘密。

◆ **机智果敢，富有斗争智慧。**当甫志高出卖组织时，成岗察觉不妙，第一时间通知同志们转移隐蔽，从而最大限度地保存了组织。

◆ **他乐观坚韧、矢志不渝地进行革命斗争。**成岗在被捕初期就试图逃走而未果，在狱中他又联合齐晓轩等继续办《挺进报》、并积极策划逃狱事宜等。

主要活动

◆ 成岗16岁成为共产党员，被捕前担任长江兵工总厂附属修配厂厂长，领导工人运动。他还负责《挺进报》的印刷工作。

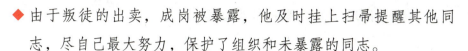

◆ 由于叛徒的出卖，成岗被暴露，他及时挂上扫帚提醒其他同志，尽自己最大努力，保护了组织和未暴露的同志。

◆ 面对敌人的严刑拷打，成岗写下了著名的诗篇《我的"自白书"》以表明自己的志向。

◆ 敌人为审讯成岗，给他注射了"诚实注射剂"，成岗在这种身体遭受极度折磨的情形下，以超人的意志力抵抗住药物的作用。

◆ 成岗在狱中坚持斗争，他不仅通过秘密渠道向党组织传递信息，还凭接半支铅笔一些薄纸继续办《挺进报》。

"小萝卜头"（宋振中）

人物档案

姓名：宋振中
别称："小萝卜头"
性别：男
父母：父宋绮云、母徐林侠

性格特点

◆ **乐观、勇敢、可爱**：即使在敌人的监狱里长大，生活条件艰苦，他也保持着乐观的态度，勇敢地面对困境，展现出可爱的一面。

◆ **渴望自由**：他渴望像小飞虫一样拥有自由，这种对自由的向往贯穿了他的整个童年。

◆ **善良、有爱心**：他对小飞虫都不忍心伤害，希望它们能够自由飞翔，这体现了他的善良和爱心。

◆ **爱学习、记忆力强**：在监狱那么艰苦的条件下也不忘学习，记忆力很强，非常尊敬老师。

◆ **机智勇敢**：他帮助被关押在白公馆的革命同志建立起最初的简单联系，经常在牢房之间传递信息，为革命工作作出了贡献。

◆ **懂得感恩**：他深知自己的成长离不开狱友们的帮助与关怀，因此总是尽力去回报他们。

主要活动

◆ "小萝卜头"因为行动相对自由，所以经常为不同囚室的难友之间传递消息和物品，为革命者在狱中的斗争作出了重要贡献。

◆ 尽管狱方特务不准他外出上学，但他依然刻苦学习，由黄以声将军等狱友教他识字读书及做人的道理。

◆ "小萝卜头"捉到一只小飞虫，小心翼翼地把它放在火柴盒里，但沉思片刻又把小虫放飞，还它自由。

◆ 革命胜利前夕"小萝卜头"与母亲一起被反动特务杀害。

华子良

人物档案

姓名：华子良

核心原型：韩子栋

别称："疯老头"

性别：男

亲属：妻子"双枪老太婆"、儿子华为

性格特点

◆ **坚韧不屈**：华子良在狱中经历了严酷的折磨，但他始终没有屈服，展现了顽强的意志。

◆ **机智勇敢**：他善于伪装，通过装疯成功骗过敌人，为越狱计划创造了条件。

◆ **忠诚坚定**：对党和革命事业无比忠诚，即使在极端环境下也毫不动摇。

◆ **沉着冷静**：面对敌人的审讯和折磨，他始终保持冷静，展现出非凡的心理素质。

主要活动

◆ 华子良被捕前为华蓥山根据地党委书记，被捕后，敌人为了探查他的身份，将他带到了罗世文、车耀先"处决"现场，令他"陪杀场"。敌人开枪后，他佯装被吓疯，就此以疯子的身份迷惑敌人十几年。

◆ 帮助齐晓轩他们送信的老厨工身份暴露被"处置"，白公馆地下党和外界失联，紧急时刻，华子良出现在成岗、齐晓轩面前并对他们讲明身份，并开始充当保持狱内、外联络的通讯员。

◆ 密裁计划来临，华子良借买菜机会逃走，脱险后迅速与党组织取得联系，他绘制了监狱路线路，助力解放军营救狱中所关押的同志。

余新江

姓名：余新江

核心原型：余祖胜

性别：男

职务：重庆长江兵器修配厂工人

性格特点

◆ 沉稳、机智、正直、不屈，并且对工作负责，勇敢坚强，不畏强权，不怕牺牲。他在革命斗争中不断成长，逐渐由一个莽撞的人变得沉稳冷静。

主要活动

◆ 余新江最初是一个普通的工人，后来成为一名工人代表，其后又成长为地下党员。

◆ 余新江在"甫志高叛变事件"中被捕入狱。在狱中，他为鼓励狱中难友，用牙刷柄制作了一颗代表党的五角星。

◆ 和刘思扬代表共产党进行"为龙光华开追悼会"谈判并向敌人绝食抗议，逼迫敌人开追悼会。

◆ 他机智地识破由特务郑克昌伪装成的高邦晋，并迫使他说出了特务集团的阴谋。

◆ 从特务手中抢夺钥匙，为各个监室打开牢门，协助狱中战友越狱。行动中，特务用火焰喷射器烧灼革命者，余新江浑身被灼伤，带着伤口继续与敌人进行战斗、掩护狱友越狱。

（二）反面人物形象分析

反面人物为追求个人利益，忽视背叛甚至破坏革命。这些人往往表现出软弱、自私、贪婪等负面品质。反面人物与正面人物在本书中形成了鲜明对比，突出了革命者的英勇形象和叛徒的丑恶嘴脸，进一步彰显革命斗争的艰巨性和复杂性。

甫志高

人物档案

姓名： 甫志高

核心原型： 任达哉、冉益智

性别： 男

职务： （前）地下党沙磁区委委员、沙坪书店负责人

性格特点

◆ **投身革命的动机不纯，带有强烈的功利性和虚荣心。** 他抱有投机心理与个人主义，其革命动机是试图通过革命获得社会地位和个人荣誉，而非出于纯粹的理想信念。他常以"革命需要"为借口满足私欲，完全忽视地下工作的隐蔽性原则。

◆ **盲目自信与好大喜功，** 轻视党组织的纪律约束，认为自己的判断高于组织原则。他对敌特威胁缺乏警惕，盲目相信自己的"隐蔽能力"，最终因疏忽大意被敌人乘虚而入。

◆ **意志薄弱与贪生怕死，** 被捕后，他在酷刑和死亡的威胁下迅速叛变，暴露出骨子里的软弱性。

主要活动

◆ 甫志高未经组织批准，擅自扩大沙坪书店规模，将其打造成"文化沙龙"，吸引学生和青年聚集，严重违背地下工作"隐蔽精干"的原则。他任用未经严格审查的店员郑克昌（实为特务），直接导致书店被敌人渗透，成为许云峰等地下党被逮捕的导火索。

◆ 因书店暴露，甫志高被特务头子徐鹏飞逮捕。面对酷刑，他仅坚持了极短时间便彻底崩溃，供出江姐、许云峰等核心成员的情报。

◆ 叛变后，他主动配合敌人行动，带领特务抓捕同志，甚至试图用"人性化"的劝降手段瓦解革命者的斗志。

徐鹏飞

人物档案

姓名：徐鹏飞
核心原型：徐远举
性别：男

性格特点

◆ 他心狠手辣，狡猾多疑。徐鹏飞老奸巨滑，面对共产党员，他常常采用各种残酷的刑罚和手段来折磨被捕的革命者，甚至利用许云峰、成岗之间的深厚同志感情来审讯他们；面对同为特务的严醉，他也毫不手软，他截取严醉的情报，还抢夺了严醉的功劳，可谓是狡猾狠毒的典范。

◆ 狂妄自负，目中无人。徐鹏飞自认为自己在特务工作方面有着卓越的才能和丰富的经验，对自己的判断和决策非常自信。他常常高估自己的能力，低估共产党人的意志和智慧，认为通过自己的手段可以轻易地瓦解共产党的组织，消灭革命力量。这种狂妄自负使他在与共产党人的斗争中逐渐陷入被动。

主要活动

◆ 派遣特务抓捕甫志高、陈松林，策反甫志高；策划沙坪书店突袭，破坏《挺进报》印刷工作，揭开地下党围剿序幕。

◆ 亲自审讯许云峰、江姐，试图获取情报未果。

◆ 设鸿门宴，想拍下许云峰照片开新闻发布会，妄图制造国共合作的假象。

◆ 迫害无数共产党员，对革命者实施极端酷刑（如竹签钉手指、电刑），手段堪比"地狱阎罗"。

◆ 重庆解放前夕，徐鹏飞妄图做最后挣扎，甚至想引爆城市大桥，后计划破产。

郑克昌

人物档案

姓名：郑克昌

曾用名：老朱、高邦晋

性别：男

性格特点

◆ 狡猾多变，善于伪装，他以"失业青年"形象出场，通过热情款待"同志"、假装积极进步等方式掩饰特务身份，展现出极强的欺骗性。

◆ 外强中干，投机性强，他假扮高邦晋入渣滓洞套取情报，被革命者识破后，革命者们对他稍加威胁，他便把上级的计划和盘托出。

主要活动

◆ 冒充失业青年骗取甫志高、陈松林的信任，成功潜入书店，并将书店情报透露给徐鹏飞，致使许云峰、甫志高、余新江、江姐等人被捕。

◆ 冒充地下党员"老朱同志"与被"释放"回家的刘思扬接头，试图骗取关于渣滓洞地下党组织的情报，结果失败。

◆ 化身为"高邦晋"潜入渣滓洞监狱，被余新江等人识破。

（三）正、反面人物形象对比分析

从不同的角度，运用对比手法刻画人物形象，是《红岩》最突出的文学特色之一。作者通过正面人物与反面人物的鲜明对比，突出了革命者的英勇形象和叛徒的丑恶嘴脸，进一步彰显了革命斗争的艰巨性和复杂性。

（1）总体对比

	正面人物	反面人物
性格特点	正面人物普遍展现出坚强、勇敢、机智、忠诚等优秀品质。例如，江姐坚贞不屈，面对敌人的严刑拷打时始终保持革命者的气节和尊严；许云峰遇事冷静、处事果断，且胆识非凡、智慧过人，为革命事业作出了巨大贡献。 正面人物在革命斗争中表现出高度的责任感和牺牲精神。他们严格遵守组织原则，工作严谨务实，实事求是。在面对敌人的威胁和诱惑时，他们坚定不移地守护党的秘密，为此甚至不惜牺牲自己的生命。	反面人物则往往表现出软弱、自私、贪婪等负面品质。例如，甫志高缺乏革命信念，在关键时刻背叛了革命，出卖了同志，暴露了其卑劣的品质和自私的本质。 反面人物在革命斗争中往往追求个人利益，忽视甚至背叛革命理想。他们面对敌人的威胁和诱惑时，往往选择妥协和投降，出卖同志和组织。如甫志高在敌人的严刑拷打和诱惑下，最终走上了背叛革命的道路。
意义或影响	正面人物是红岩精神的代表，他们坚韧不拔、坚定理想信念，为了理想和信仰不惜牺牲一切。他们的英勇事迹和崇高精神深深地震撼了广大读者的心灵，成为革命者的楷模和榜样。	反面人物的行为严重破坏了革命斗争的局势，给党组织和革命事业带来了巨大的损失。他们的背叛和妥协行为不仅损害了同志们的利益，也严重挫伤了革命者的斗志和信心。因此，反面人物在《红岩》中被塑造成反面教材，警示人们要时刻保持警惕，坚守革命信念。

（2）具体人物对比

江姐与甫志高对比

江姐和甫志高的对比最为鲜明。

江姐是一位经验丰富的地下工作者，具有高度的警惕性和党性。她坚强、勇敢，面对敌人的严刑拷打，始终保持着革命者的气节和尊严，展现了共产党人的英雄本色和高尚品质。江姐的性格光辉，是通过严峻考验闪现出来的，她不仅机敏干练，而且情感细腻，刚毅坚强，具有坚定的革命信仰。

而甫志高原本是地下党的联络员，却因软弱自私，在关键时刻背叛了革命，出卖了多名革命同志，给革命事业造成了重大损失。他的行为暴露了其卑劣的品质和自私的本质，与江姐的英勇无畏形成了鲜明的对比。

这种对比不仅突出了革命者和叛徒的本质区别，也深刻揭示了革命斗争的艰巨性和复杂性，让读者在感受正面人物崇高精神的同时，也对反面人物的丑恶行径产生了强烈的愤慨和谴责。

许云峰与徐鹏飞对比

许云峰与徐鹏飞的对比主要体现在身份立场、性格特点、行为表现以及最终命运四个方面。

身份立场：许云峰是重庆地下党的领导者之一，是一位坚定、勇敢、老练、机智的革命者。他始终站在革命立场，为了掩护党的组织和同志的安全，不惜牺牲自己的生命。而徐鹏飞则是反动特务的代表，凶残、狠毒、狡诈，有着丰富的特务工作经验，站在与革命者对立的一面，时常试图通过拷打和诱骗来获取党的秘密。

性格特点：许云峰像火一样热情，钢一样坚强，面对敌人的拷打和诱骗，始终保持着冷静和坚定。他沉着镇定、临危不乱、果断勇敢、坚贞不屈，这些优秀的品质在他的革命生涯中多次得到体现。相反，徐鹏飞虽然狡猾，但内心空虚不安，面对许云峰等革命者的坚韧和智慧，他显得无力、空洞。

行为表现： 在狱中，许云峰巧妙地引导徐鹏飞作出错误的判断，自己承担起《挺进报》的领导责任，保护了地下党组织。面对敌人惊心设计的鸿门宴，他随机应变，戳穿了敌人的阴谋，把宴会变成了揭露敌人的讲台。他还以顽强的意志挖通了石壁，为同志们留下越狱通道，自己则带着坚定的胜利信念从容就义。而徐鹏飞则善于采用攻心战术抓住对方弱点，瓦解对方意志，但面对许云峰等革命者的坚定信念和顽强意志，他的阴谋屡屡失败。

最终命运： 许云峰放弃从地道逃生，与成岗一同被敌人投入镪水池杀害，表现了共产党员的崇高气节。他的英勇事迹和革命精神将永远铭刻在历史的丰碑上。而徐鹏飞在书的结尾，仍然在歇斯底里地命令手下镇压逃狱的革命者，他虽然活着，但革命胜利后，必然逃不过被正义讨伐的命运。

华子良与郑克昌对比

华子良和郑克昌的鲜明对比，主要体现在身份、行为和最终命运三个方面。

掩藏身份： 华子良是《红岩》中的一位重要革命者，是一位忠诚的共产党员。被捕后，曾遭受敌人拔光满嘴牙齿等酷刑。他接受罗世文命令，一直潜伏在狱中等待自己能"发挥作用"的时机。他在狱中长时间忍受着非人的折磨，为了掩藏身份，他不得不装疯卖傻，以"疯老头"的形象出现在敌人面前，这一伪装使他得以在狱中生存并继续为革命事业贡献力量。

郑克昌则是一名特务，曾伪装成《彗星报》主编黎纪纲（黎此身份亦是伪装）的表弟。他多次打入共产党内部，企图套取党内机密，是革命事业的破坏者。

行为表现： 华子良在狱中表现出了极高的智慧和忍耐力。他通过装疯卖傻骗过了敌人的监视，不仅保护了自己，还为狱中的革命者传递了重要情报。他的行为充满了牺牲精神和革命智慧，是革命者中的楷模。

郑克昌则完全相反，他利用自己的身份和关系，多次企图破坏共产党的地下组织。他善于伪装，但多次被革命者识破。他是革命事业的敌人。

终极命运： 华子良最终成功逃出了敌人的魔爪，到达了解放区，并成为解放军解救集中营狱友的向导，为越狱的计划作出了巨大的贡献。他的英勇事迹和革命精神将永远铭刻在历史的丰碑上。

郑克昌则未能逃脱正义的审判，他的欺诈行为最终暴露，受到了应有的惩罚。他的结局是他自己破坏革命事业所付出的代价。

刘思扬与黎纪纲对比

刘思扬与黎纪纲形成了鲜明的对比，刘思扬是一位出身资产阶级家庭却毅然投身革命的知识分子楷模，而黎纪纲则是伪装成进步学生的军统特务。

刘思扬 是资产阶级出身的三少爷，他出身于资产阶级，原本生活优渥，但他并未沉迷于享乐，在接受了进步思想后毅然投身革命。被甫志高出卖入狱后，他关心爱护同志，照顾伤员……有被"释放"的机会，他也不曾背弃革命信仰，最终在"逃狱"行动时壮烈牺牲。

出身于敌对阵营的**黎纪纲**作为军统特务，他阴险狡诈，善于伪装和欺骗，利用自己的身份伪装成进步学生，打入地下党内部，企图获取地下党的秘密。他的行为充满了欺骗和背叛，是敌人用来破坏革命事业的工具。

刘思扬与黎纪纲的对比，不仅体现了出身背景和政治立场的截然不同，更展现了性格特点上的巨大差异。这种对比，深刻地揭示了革命者与敌人之间的斗争和较量，以及革命事业的伟大和正义。

二、艺术特色与赏析

《红岩》的艺术成就及巨大影响力，与它鲜明的艺术特色和精妙的艺术手法是分不开的，从整体上看，它采用了多线结构，通过对比、象征描写等手法，成功地塑造了一系列生动、立体的人物形象，运用心理剖析、典型刻画等技巧再现革命者的内心世界，使得读者能够更深入地理解和感受这些英雄人物的崇高品质和革命精神。

1. 艺术特色

《红岩》展现出卓越的艺术魅力。结构上，错综复杂却变化多端；人物塑造上，着力于塑造人物群像，作者擅长细腻地描绘人物心理活动并用特定的氛围烘托人物性格；语言上，朴实无华却悲壮激昂，仿佛引领读者穿越时空，亲临那个硝烟弥漫、热血沸腾的年代。

（1）结构严谨而富于变化

《红岩》背景广阔，人物众多，斗争错综复杂，但全书**章法井然，结构严谨而富于变化**。小说采用双线结构，围绕"狱中斗争"和"狱外斗争"两条线索写。小说前几章侧重写重庆地下斗争和

川北的武装斗争。后面用更长的篇幅呈现狱中斗争。前后互相关联，而以狱中斗争为中心。作者巧妙地借助人物活动这一线索，引出并联结起种种复杂的矛盾斗争。

《红岩》是革命历史题材小说中的代表，虽然是以真实的个人经历为背景，但在**艺术上并未刻意追求惊险离奇**的故事情节，而是始终围绕人物形象的塑造，注意发掘人物的内心世界、心理感受、行为动机和内在的思想感情，成功地展示了烈士们崇高的精神世界。通过生动的情节、鲜活的人物塑造以及严谨的结构布局，让读者仿佛置身于那个时代。

（2）《红岩》着力于塑造人物群像

作品塑造了一组**革命英雄的群体形象**，江姐、许云峰、成岗、余新江、"双枪老太婆"、齐晓轩、华子良等。这些不同年龄、不同性别、不同经历、不同性格的共产党员和革命者，经过作者的精心刻画，个个都活灵活现地以独特的形貌出现在我们面前，使小说成为一部当代文学中少见的光辉灿烂的无产阶级英雄谱。这些形象，不仅**丰富了当代小说人物的长廊**，而且长久地激励着一代又一代的后来者。

《红岩》对反面人物的刻画也很成功。它摒弃了那种简单化、漫画化、脸谱化的写法，而是极力按照人物的本来面目来写，着重从矛盾冲突、人物关系中去解剖他们的灵魂，揭示敌人的反动本质。

（3）浪漫主义与戏剧性

《红岩》在革命叙事中融入**浪漫主义与戏剧性张力**，形成独特的艺术表达。其浪漫主义体现在对革命斗争场景的诗性描写上，如渣滓洞众人跳秧歌庆祝狱中的新春、许云峰在黑暗中兀自为同

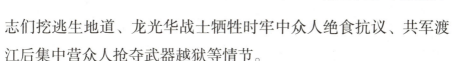

志们挖逃生地道、龙光华战士牺牲时牢中众人绝食抗议、共军渡江后集中营众人抢夺武器越狱等情节。

2. 象征艺术的运用

《红岩》通过多层次象征与隐喻，将革命斗争升华为精神史诗。自然意象、革命符号与抽象理念的交互，既具象化历史真实，又赋予文本超越时代的哲学厚度。这些象征与隐喻不仅丰富了小说的艺术表现力，也深刻反映了当时的社会背景和革命者的心理状态。

（1）"小萝卜头"和"监狱之花"

"小萝卜头"和"监狱之花"在《红岩》中象征着年轻、纯真、富有理想的革命者形象，他们在敌人的牢笼里一点点长大，心里却始终装着对外面世界的好奇和憧憬，真是把年轻革命者的那份纯真和理想演绎得活灵活现！

成为狱中同志们的精神支柱：他们虽然年纪小，但在狱中表现出了非凡的勇气和智慧，因此成为狱中同志们的精神支柱，激励着大家共同奋斗。

丰富作品的人物形象和情节：两个孩子的描写丰富了《红岩》人物形象的类目，而且书中对他们的性格刻画深刻，他们为《红岩》增添了更多的色彩和情节，使得作品更加生动和感人。

增强作品的感染力：两个孩子的形象丰满而生动，他们的不幸遭遇和英勇事迹为《红岩》增添了更多的色彩，让读者对他们深感同情和敬佩，从而增强了作品的感染力和艺术效果。

象征革命事业的希望："小萝卜头"和"监狱之花"虽然年纪小，但他们对革命事业的忠诚和热爱却毫不逊色于成年人。他们

的存在象征着革命事业的希望和未来，让人们相信即使在最黑暗的时刻，革命的火种也永远不会熄灭。

反衬敌人的残暴：小说以"小萝卜头"与"监狱之花"的纯真本质与其所处环境的极端扭曲，形成鲜明对比，使敌人的残暴性从抽象概念转化为可感知的具体罪行。

（2）飞翔与自然景物

《红岩》中多次描写**鸟和小飞虫动作姿态**——飞翔。飞翔意味着意味着自由自在的生命状态，也象征着身处牢狱之中的人对自由的向往和追求自由的强烈愿望。

最具代表性的是**"小萝卜头"放飞小飞虫**的情景——孩童用双手托起小飞虫的动作充满纯真诗意，小飞虫撞破铁窗的瞬间又正是"小萝卜头"内心愿望的写照。这里的小飞虫已经不是自然中的飞虫，而是借由作家之眼，来到读者面前的审美意象。它们象征着作为儿童的"小萝卜头"的正常生命诉求。而"小萝卜头"的愿望，也正是中国数万万儿童、中国数万万人民的愿望。

此外，作品中多次出现的对**太阳、浓雾、乌云、朝霞等自然景物的描写**。一般来说，这些自然景物都是对人物内心世界或者革命斗争形势的暗示和隐喻。简单来说"太阳"象征希望和光明，在小说中代表着希望、激情、胜利和革命信念；"浓雾"和"乌云"象征阴暗和压迫，小说中浓雾和乌云的出现暗示着时局的恶化和社会环境的压抑；朝霞代表着新希望，它的出现代表着革命的胜利。

这些描写以象征手法再现革命年代真实图景，通过矛盾冲突的集中爆发来演绎正义与邪恶的斗争。作品将人物放置在了极端残酷的环境中，通过对人性中善与恶的斗争的真实描写，突出革命英雄们的坚贞与不屈，也表现了他们为创造新中国、解放人民作出的巨大牺牲。

3.语言风格赏析

《红岩》的语言风格独具特色，语言平实但充满感染力，巧妙地运用了大量的修辞手法，使作品生动形象。

朴实无华：《红岩》的语言风格朴实无华，作者没有选择华丽的辞藻为小说增姿添彩，而是用平实的语言忠实地叙述场景，如："冰冷的水泥磨石地面上，横躺着一具血肉模糊的躯体，脚上还钉着一副沉重的铁镣。鲜红的血水，正从那一动也不动的肉体上往水泥地面滴落……"这段对受刑后的人描写没有任何夸张的修饰，作者只是如实记录：水泥地的"冰冷"、铁镣的"沉重"，血水的"鲜红"——这些最简单的形容词反而让画面像刀子一样扎进读者心里。

生动细腻：作者通过细腻的笔触传神地描绘了人物的精神状态，展现了共产党人不畏牺牲、前仆后继的崇高精神。例如对江姐在极度悲痛中依然坚定革命信念的形象描写，展现了她的坚强和信念。

富有诗意：作者在描写景物和人物时，将现实中的物体上升到一种精神的高度，使小说中的景物和人物都升华成一种精神的内涵。

三、主题思想与价值观

《红岩》的主题思想聚焦于革命信仰的永恒性与革命斗争的历

史必然性，并以象征意象昭示革命火种终将燎原的历史趋势。在价值观层面，作品弘扬了超越生死的家国情怀与严于律己的集体主义，这些精神内核共同构成红岩文化中用生命捍卫真理、以纪律铸就胜利的崇高价值体系。

1. 红岩精神的内涵

作为地理坐标的红岩（村）是抗日战争时期和解放战争初期中共中央南方局领导机关所在地和重庆谈判期间中共代表团驻地。解放战争时期，大批大义凛然、坚贞不屈的共产党人，在这里与敌人斗智斗勇。众多被关押在渣滓洞、白公馆的中国共产党人，以"红岩"这个地理坐标作为精神指引，经受住种种酷刑折磨，他们不折不挠、宁死不屈，为中国人民解放事业献出了宝贵生命，红岩精神正是在这样特殊的环境中形成与发展的。从此，红岩不仅是一个地理概念，更是一个精神地标。

（1）坚如磐石的理想信念

江姐被施刑后的坚贞不屈；成岗被捕后坚持创作；许云峰被拷打后守口如瓶……他们遭受着非人的折磨和残酷的拷打，但从未放弃对革命事业的忠诚和信仰，而这种坚如磐石的理想信念和百折不挠的革命精神正是红岩精神的内核，这种信念如同磐石般坚固，无论面对何种困难都不会轻易动摇。

（2）和衷共济的爱国情怀

在狱中，难友们虽然身处绝境，但他们没有放弃希望，而是相互鼓励、相互支持，他们共绣红旗、共同与敌人进行斗争。这种和衷共济的爱国情怀不仅让他们在困境中得以生存，更让他们在面对敌人时展现出惊人的勇气和智慧。他们所展现的集体主义精神正是当代青年人应学习的。

（3）艰苦卓绝的凛然斗志

在渣滓洞、白公馆等魔窟中，革命者以血肉之躯筑起精神长城：许云峰挖穿地窖石壁，为狱友开辟逃生通道，以生命践行"永不屈服"的信念；江姐面对竹签酷刑时高呼"毒刑拷打是太小的考验"，将个人苦难升华为集体信仰的丰碑。这些都是共产党人艰苦卓绝的凛然斗志的体现。

（4）百折不挠的浩然正气

许云峰赴"鸿门宴"怒斥腐化的资产阶级；众人为龙光华而绝食抗议；刘思扬被"放"回家中却拒绝出狱……敌人的腐化在坚守共产主义信仰的革命者面前，丝毫不起作用，这是红岩精神"百折不挠的浩然正气"的最好体现。

2. 理想主义的现代启示

《红岩》作为一部以革命历史为背景的红色经典，生动地展现了理想主义者在极端困境中的坚守。在物质化、个体化倾向显著的现代社会，这种理想主义并非过时的口号，反而对当代青少年具有重要的启示作用。

（1）对抗虚无主义的锚点

江姐、许云峰等角色在酷刑与死亡面前，以共产主义信仰为精神支柱，展现了超脱个体存亡的生命意义。在如今价值多元、意义消解的时代，这些革命者对信仰的坚守为当代青年人提供了一种对抗虚无的路径启示——将个人追求与社会责任结合，赋予行动以超越性的意义。

（2）在物质浪潮中保持清醒

《红岩》中的斗争场景紧张激烈，敌人的残忍狡诈与革命者的忠勇赤诚、敏锐机智形成鲜明对比。革命者舍弃个人安逸，选择为理想献身，体现了其价值观的纯粹性。在消费主义盛行的当下，理想主义提示人们警惕"功利至上"的陷阱，重新思考成功标准（如对财富自由之外的自我实现、社会贡献的追求）。同时，面对新时期的挑战，我们要学习书中人物的智慧与勇气，不断提升自我，用创新思维解决实际问题，为实现中华民族伟大复兴的中国梦贡献自己的青春力量。

（3）重构共同体意识

地下党员通过组织协作突破封锁，突出了集体力量的强大。革命者们所体现出的"舍小家为大家"思维，启发人们突破个人主义局限。作为新时代青年，我们虽未经历那个战火纷飞的年代，但同样需要继承和发扬先辈们的革命精神。在和平建设时期，我们要将对共产主义的信仰转化为对国家、对人民的忠诚与热爱，将无私奉献的精神落实到日常学习、工作中，勇于担当，乐于奉献。

第三单元练习题

一、选择题

1. 下列关于《红岩》内容表述不正确的一项是（　　）。

A. 许云峰和李敬原在茶园接头时被特务盯上，紧要关头，许云峰主动迎了上去，保全了李敬原。

B. 江姐不幸被捕，在狱中，敌人把竹签钉进了她的十指。面对酷刑，她傲然宣告："共产党的意志是钢铁铸成的！"

C. 成岗被捕前，在家中写下《我的自白书》，并将扫帚挂到窗外的钉子上作为暗号，保护了组织。

D. 龙光华为保护水源英勇牺牲，全狱难友发动绝食，迫使敌人不得不同意他们的条件：在狱中为龙光华举行葬礼。

2. 下列有关《红岩》说法错误的是（　　）。

A. 齐晓轩是《红岩》中隐藏最深的共产党员，他忍辱负重，装疯卖傻，特务对他放松戒备，经常带他去买菜，他趁机将狱中的情报送出去。

B. 刘思扬是出身于豪门大户的中共党员，他信仰共产主义，为了人民的幸福，甘愿与自己出身的阶级决裂。

C. 甫志高本身是一名共产党地下党员，被特务逮捕后背叛了革命。

D. 被关押在白公馆的黄以声将军是国民党的高级将领，被杀害前，他的怀中还藏着一把匕首，预备和反动特务"拼命"。

3. 下列关于《红岩》的表述有误的一项是（　　）。

A. 该小说讲述了中华人民共和国成立前夕，重庆地区的地下

党人英勇斗争的故事，包括出版《挺进报》、组织罢工和罢课、粉碎反动派炸毁城市的阴谋等。

B.书中塑造的江姐既有作为妻子的丰富感情，又有作为共产党员的坚强意志，是无产阶级真善美的化身。

C.书中故事扣人心弦，齐晓轩领导的"绝食斗争"是狱中斗争的高潮。

D.书中运用了大量的心理描写，如成岗被注入"诚实剂"时的思绪，充分展示了革命者崇高的精神世界。

二、填空题

1.小说《红岩》主要围绕＿＿＿＿＿＿和＿＿＿＿＿＿两个人物的斗争活动展开，真实表现了共产党人英勇无畏的精神。

2.小说《红岩》中，＿＿＿＿＿曾在地牢里创造了一个奇迹：在暗无天日的地牢中挖出一条地道。后来特务要处决他，他为守护地道的秘密，让更多同志逃生，选择赴死。

3.叛徒＿＿＿＿＿带领特务窜到乡下，＿＿＿＿＿不幸被捕。在狱中，她受尽折磨，特务把竹签钉进她的十指。

4.江姐的丈夫＿＿＿＿＿在华蓥山领导武装斗争，不幸壮烈牺牲，这坚定了她的革命意志。

5.小说中，＿＿＿＿＿伪装成"疯老头"，长期潜伏在监狱中传递情报。

6.渣滓洞和白公馆是位于＿＿＿＿＿的两大国民党特务监狱，关押了许多革命者。

7.＿＿＿＿＿是在渣滓洞狱中出生的女婴，父亲在她出生前牺牲，母亲在狱中生她时，因难产去世。她象征着革命的希望，被难友共同呵护。

8."小萝卜头"在狱中的老师是_____，他教会了"小萝卜头"俄语。

9._____是重庆地下党的重要领导人，成岗等人被捕后，他在狱外部署营救。

10._____在狱中因保护水源而牺牲，激起了难友们的强烈抗议。

三、阅读分析题

仔细阅读《红岩》第十五章原文，完成下面小题。

1."人们感到连心的痛苦，像竹签钉在每一个人心上……"请分析众人感到痛苦的原因。

_____

_____

2."夜，在深沉的痛苦、担心与激动中，一刻一刻地挨过。"一句中的"挨过"能不能用"度过"来替换呢？为什么？

_____

_____

3."徐鹏飞绝望的咆哮，使人相信，敌人从老许身上得不到的东西，在江姐——一个女共产党员的身上，同样得不到。"为什么说敌人的咆哮是"绝望"的？

_____

_____

《红岩》导 读

四、实际操作题

"红岩精神"是革命先烈在重庆红岩村等地开展革命斗争时形成的宝贵精神财富，其核心内涵包括：坚定信念、对党忠诚的政治品格；不屈不挠、敢于斗争的革命意志；团结协作、无私奉献的崇高境界；以及求真务实、开拓创新的进取精神。这种精神体现了共产党人在艰苦卓绝的斗争环境中坚守理想、不怕牺牲的崇高品质。新时代弘扬"红岩精神"，就是要学习先烈们坚定的理想信念、顽强的斗争精神和无私的奉献品格，将其转化为我们攻坚克难、奋发进取的强大动力。

请以"红岩精神"为思想动力，结合自己的学习现状和目标，制作一份学习计划，并严格执行一个月后，检验学习成果并与同学交流经验与感受。

_____

_____

_____

_____

第四单元：阅读探究

　　本节以表格与题目的形式，对《红岩》做了总结性的呈现。在《红岩》这片精神的沃土上，革命者的呐喊与敌人的绝望交织成永恒的篇章。本节以问题为钥，带你深入挖掘文本细节、人物精神与历史背景。通过思考与解答，让我们共同探寻红岩精神的核心，在追问中抵达历史的深处。

一、相关名著共读

1. 设计《红岩》与《红星照耀中国》（八年纪上册阅读必读书目）的对比阅读卡。

书目	红岩	红星照耀中国
内容简介	人民解放军进军大西南的形势下，重庆的国民党当局营造白色恐怖气氛，疯狂镇压共产党领导的革命，其特务机关大肆破坏共产党的地下革命组织、迫害共产党，并在重庆设立渣滓洞、白公馆两大集中营。《红岩》正是基于这样的历史背景下由罗广斌、杨益言创作的长篇革命历史小说。他们根据自己被囚禁于国统区监狱渣滓洞和白公馆监狱的真实经历与见闻创作《红岩》。本书塑造了许多经典的艺术形象，主要人物有：许云峰、江姐、徐鹏飞、成岗、刘思扬、"小萝卜头"、华子良。	《红星照耀中国》依据美国记者埃德加·斯诺对中国共产党和红军的采访记录创作而成，本书是新闻史和报告文学史上里程碑式的作品。书中不仅记载了大量有关中国红军和苏区，以及毛泽东等革命领导人的第一手资料，而且深入分析和探究了"红色中国"产生、发展的原因，对中国共产党和中国革命作出了客观的评价。本书首次向世界全景式呈现了中国共产党领导下的红色政权与工农红军的真实面貌，驳斥了当时国际社会对中国共产党的偏见，至今仍是研究中共早期历史的重要文献。

书目	红岩	红星照耀中国
主要人物对比	**许云峰：** **历史原型：**罗世文、许建业。 **性格特征：**他拥有敏锐的政治洞察力，通过特务的反常举动，他洞察郑克昌的特务身份，并且及时通知陈松林转移；他的集体意识和奉献精神强烈，叛徒甫志高带着特务抓人，他为了掩护李敬原，主动迎上甫志高，于是被捕；他的革命意志如钢铁般坚硬，敌人的残酷刑罚并不能摧毁他的意志，他辗转渣滓洞、白公馆两个集中营，在白公馆，他被关到见不到一丝阳光的地窖，在黑暗的环境中，还摸索着挖出了供战友逃生的地道，为使供同志们逃生的地道不暴露在敌人面前，放弃独自逃生的机会，被特务"密裁"牺牲。	**毛泽东：** **外貌特征：**他面容瘦削，个子比一般中国人高些，稍稍有些驼背，浓密的黑发留得很长，一双大眼睛炯炯有神，鼻梁高挺，颧骨突出，有着中国农民的质朴和纯真，富有幽默感，时常露出淳朴的笑容。 **家庭出身：**诞生于农民家庭，其父亲为湖南"富农"，对毛泽东的管教极为严格。母亲则善良且大方，时常周济穷苦之人。 **性格特点：**他天生精明，精通中国古典文学，博览群书，对哲学和历史有着非常深入的研究；善于演讲，记忆力超群，拥有非同寻常的专注力，而且文笔很好；他生活朴素，廉洁奉公，吃苦耐劳，身子仿佛是铁打的；在生活中不拘小节，但在工作上却事无巨细、一丝不苟；他是一位天才军事家和政治战略家，对于当时的世界政治可以说是洞若观火。

《红岩》导读

续表

书目	红岩	红星照耀中国
主要人物对比	**江姐：** **历史原型：**江竹筠、李青林。 **性格特征：**有坚定信仰、英勇无畏、高尚情操和细腻情感的革命英雄；政治上成熟稳重、沉着坚强，对革命事业无比忠贞，具有大无畏的革命精神和超强的自我克制力；视死如归，面对敌人的拷打没有表现出一丝的恐惧和胆怯。	**周恩来：** **外貌特征：**身材瘦削，中等个头，骨架不大却精瘦健壮，胡子又黑又长，有着少年的活力，一双大眼睛显得热情洋溢。 **家庭出身：**出身于"没落的官宦家庭"4个月大时被过继给叔父，父（叔父）母（叔母）都是"受过教育的文化人"。所以周恩来从儿童起就受过良好的教育。 **性格特点：**头脑冷静，逻辑清晰，经验丰富。意志坚定，精明睿智，身上散发着一种难以言喻的魅力作风朴素，吃苦耐劳，具有从不承认失败的不屈不挠的精神。
	成岗： **历史原型：**陈然。 **性格特征：**革命信仰坚定，不畏酷刑，宁死不屈，始终不向暴露半点党的秘密；他机智果敢，富有斗争智慧，能够第一时间察觉情况不妙，并通过挂扫帚的方式通知未暴露的同志转移；乐观坚韧、矢志不渝地进行革命斗争，被捕后仍然联合其他同志积极筹划越狱行动。	**贺龙：** **外貌特征：**他个子很高，像老虎一样强壮有力，从来不会感到疲倦 **性格特点：**勇敢无畏，能说会道，极具个人魅力，深受部下爱戴，很有威望。生活朴素，对自己的私人财产毫不在意。虽然脾气暴躁，但为人非常谦逊。始终忠于党，从来没有违反过党的纪律。总是恳请大家对他提出批评，并且认真听取别人的建议。

书目	红岩	红星照耀中国
主题思想	《红岩》热情地讴歌了共产党人坚定的理想信念，以质朴真实的笔触勾勒了如许云峰、江姐、成岗、"双枪老太婆"等人的英雄群像。全书围绕渣滓洞、白公馆、重庆大学、华蓥山根据地等多个地点，对集中营的残酷环境、大学这样的学生活动中心、群众斗争的根据地等典型环境进行了详细的描写，真实地记录了中国革命的历史进程。书中对特务徐鹏飞、叛徒甫志高等反面形象的塑造，也深刻揭露了国民党反动派的反动本质和投机分子对革命的破坏，让读者清晰地看到解放前国民政府腐朽统治下的黑暗与罪恶以及革命的艰难。此外，全书对革命者们狱中斗争大篇幅的描写还生动展现了革命者之间深厚的革命情谊与团结精神，他们在狱中相互支持、相互鼓励，共同与敌人斗争。最后，革命者们即使身处绝境，仍然为争取光明不懈斗争的革命乐观主义精神在当代仍然激励着无数人。	美国记者埃德加·斯诺作为中国革命的近距离观察者，凭借亲身体验与观察，通过中国共产党领导人及工农红军的奋斗场景的记叙，如实地向全球呈现了中国革命进程、中共及其领导人形象、红军斗争精神。书中，斯诺经深度报道和访谈，如实记录毛泽东、周恩来、朱德等中共领导人的言行，以及红军战士的生活战斗，向世界宣告中国共产党及其领导的革命事业，恰似一颗耀眼红星，不但照亮中国西北，更将照亮全中国乃至全世界。《红星照耀中国》不只是对中国革命的报道，更展现了中国共产党人与红军的精神风貌，也为我们理解中国革命提供了独特且深刻的视角。

2. 阅读思考，仿照上述对比阅读卡，设计《红岩》与《钢铁是怎样炼成的》（七年级下册阅读必读书目）的对比阅读卡。（略）

二、情景阅读

《红岩》是一部经典的红色小说，本书塑造了许云峰、江姐、成岗、"小萝卜头"等许多英雄形象。根据所学知识，结合题目给出的材料，完成下列探究任务。

材料《红岩》选段

1.老彭？他不就是我多少年来朝夕相处，患难与共的战友、同志、丈夫吗！不会是他，他怎能在这种时刻牺牲？一定是敌人的欺骗！可是，这里挂的，又是谁的头呢？（她）艰难地、急切地向前移动，抬起头，仰望着城楼。目光穿过雨雾，到底看清楚了那熟悉的脸型。啊，真的是他！他大睁着一双渴望胜利的眼睛，直视着苦难中的人民！老彭，老彭，你不是率领着队伍，日夜打击匪军？你不是和我相约：共同战斗到天明！

2.在这无声的、阴暗的地窖里，他有了许多时间来沉思默想。他想过去，也想将来。想到自己怎样从一个受尽迫害的工人，变成一个革命者；想到党，想到在延安学习时住过的窑洞，和第一次见到毛主席时的激动。也想到即将到来的胜利，和胜利后建设社会主义的壮丽事业。

1. 完成根据提示完成《红岩》的资料卡。

介绍《红岩》	①
主要人物	②
内容梗概	③
主题思想	④
文学地位	⑤

2. 假如你是一名封面设计师，如果请你为红岩绘制一幅封面，你会怎样绘制呢？，请说明你在封面设计时的构思。（无需绘图）

_____

_____

_____

_____

3. 材料二的心理描写十分精彩，请结合所学，判断这两段文字各自属于谁的心理活动。并简要叙述该心理活动的产生背景。

_____

_____

_____

_____

第四单元练习题

一、选择题

1. 下列各项中表述正确的一项是（　　）。

A.《孙权劝学》选自《资治通鉴》。《资治通鉴》是北宋司马光主持编纂的一部纪传体通史。

B. 叶圣陶，原名叶绍钧，苏州人，作家、编辑家、教育家，代表作长篇小说：《倪焕之》，童话集《稻草人》等。《叶圣陶先生二三事》作者张中行，学者、散文家，代表作随笔集《负暄琐话》等。

C.《骆驼祥子》描写了很多人物，如残忍霸道的车主刘四、大胆泼辣的虎妞、一步步走向毁灭的小福子、抢车的大兵、不给仆人饭吃的曹太太、诈骗祥子的孙侦探等，展示了一幅具有老北京风情的世态图。

D.《红岩》是罗广斌、杨益言合著的长篇小说，讲述了中华人民共和国成立前夕，南京地区的地下党人英勇斗争的故事，刻画了一批意志坚定、形象高大的共产党人形象，如江姐、许云峰、余新江、甫志高、刘思扬等等。

2. 书山有路勤为径，学海为涯苦作舟。请凭借你的知识积累，判断出下列各项中表述不正确的一项是（　　）。

A. 辛弃疾，字幼安，号稼轩，南宋词人，他的词作艺术风格多样，以豪放为主。

B. 古代立春后第五个戊日为春社日，祭社神，祈求丰收。社神就是土地神。

C.《红岩》中，江姐为党做了大量工作：与成岗商量《挺进报》的印刷问题，与华为同行为山里运送急需的药品……后因甫志高叛变不幸被捕。

D.《水浒传》中的英雄各有绰号，有些绰号鲜明地概括出人物的特征，如"豹头环眼，燕颔虎须"的"豹子头"林冲，"程途八百里，朝去暮还来"的"青面兽"杨志。

二、填空题

1.《红岩》中_____的表现令人感动，他曾负责地下刊物《挺进报》工作，后来从渣滓洞转移到白公馆，他坚持出版《挺进报》。

2._____有感于渣滓洞浓烈的斗争气氛，写下了一首《铁窗小诗》。

三、实际应用题

请策划一场《红岩》读书会活动，要求包含以下环节：与《红星照耀中国》作对比；设计互动环节；制作"红岩精神"主题手抄报。

_____

_____

_____

_____

综合测试题

一、填空题（每空2分，共20分）

1. 《红岩》的作者是 ＿＿＿＿＿＿＿＿＿ 和杨益言。

2. 叛徒 ＿＿＿＿＿＿＿＿＿ 带领特务窜到乡下，江姐不幸被捕。

3. 狱中斗争是小说的主要部分，围绕＿＿＿＿＿、＿＿＿＿＿两位人物的斗争活动展开，真实地表现了共产党人英勇无畏的精神。

4. 为了表示和国民党反动派斗争到底的决心，渣滓洞的难友们为 ＿＿＿＿＿＿＿＿ 举行了追悼会。

5. ＿＿＿＿＿＿＿＿＿ 被注射麻醉药物进行审讯，他凭借顽强的意志，将敌人的审讯供词变成了对敌人的揭露和控诉。

6. 白公馆的疯老头华子良实际上是 ＿＿＿＿＿＿＿＿＿＿＿＿＿，他忍辱负重，为狱中的同志传递情报。

7. ＿＿＿＿＿＿＿＿＿ 出身于资产阶级家庭，但他毅然投身革命，在狱中积极参与狱中斗争。

8. "小萝卜头"在狱中的老师之一是 ＿＿＿＿＿＿＿＿ 将军，他从将军那里学到了很多知识。

9. ＿＿＿＿＿＿＿＿＿ 在被囚禁于白公馆地窖时，独自挖通了一条越狱的通道。

二、选择题（每题3分，共30分）

1. 《红岩》中最后幸存的共产党员是（　　）。

　A. 刘思扬　　　B. 齐晓轩　　　C. 华子良　　　D. 成岗

2. 下列哪个人物是《红岩》中的正面人物？（　　）。

　A. 甫志高　　　B. 郑克昌　　　C. 余新江　　　D. 魏吉伯

3. 许云峰在地牢里创造的奇迹是（　　）。

A. 挖通一条地道　　　　　　　　B. 教授"小萝卜头"知识

C. 把地牢挖穿　　　　　　　　　D. 为狱友传递信息

4. 江姐被关押在（　　）。

A. 白公馆　　　　　　　　　　　B. 渣滓洞

C. 望龙门看守所　　　　　　　　D. 中美合作所

5. 华子良是《红岩》中隐藏最深的共产党员，他忍辱负重，装疯卖傻，利用特务对他放弃戒备，经常叫他出去挑菜的机会，将狱中的情报送出去。最后越狱带领解放军前来营救狱中的同志。他依据谁的命令掩藏自己的身份（　　）。

A. 许云峰　　　B. 齐晓轩　　　C. 罗世文　　　D. 成岗

6. 成岗在被捕前，为了保护其他未暴露的同志，他将（　　）挂在窗外。

A. 木牌　　　　B. 扫帚　　　　C. 红旗　　　　D. 武器

7. 江姐被捕的直接原因是？（　　）

A. 叛徒甫志高出卖　　　　　　　B. 在街头散发传单被抓

C. 因丈夫彭咏梧牺牲后暴露身份　D. 被国民党特务跟踪

8. 成岗在狱中写的诗《我的"自白书"》是为了（　　）。

A. 揭露敌人阴谋　　　　　　　　B. 鼓舞战友斗志

C. 向组织传递情报　　　　　　　D. 表达个人信念

9. 下列关于《红岩》的说法，错误的是（　　）。

A. 小说以重庆解放前夕为背景，真实反映了革命者在狱中与

敌人进行英勇斗争的情景

　　B. 书中塑造了众多可歌可泣的革命英雄形象，如江姐、许云峰等

　　C. "小萝卜头"在狱中被敌人杀害，他没有为革命作出实际贡献

　　D.《红岩》展现了共产党人坚定的理想信念和崇高的革命精神

　　10.《红岩》的主题思想不包括（　　）。

　　A. 揭露国民党反动派的残暴　　　B. 歌颂共产党人的坚定信仰

　　C. 强调个人英雄主义　　　　　　D. 展现革命者的牺牲精神

三、判断题（每题2分，共20分）

　　1. 许云峰在《红岩》中曾通过挖地道的办法，帮助狱中同志越狱。　　　　　　　　　　　　　　　　　　　（　　）

　　2. 成岗在被捕前为了保护党的机密，他忍辱负重，装疯卖傻，在敌人的威逼利诱下，始终没有泄露党的任何秘密。　　（　　）

　　3. 渣滓洞难友为龙光华举行追悼会，黄以声将军为龙光华书写了挽联。　　　　　　　　　　　　　　　　　（　　）

　　4. "小萝卜头"在狱中长大，他天真可爱，在敌人的监狱里帮助地下党做了许多成年革命者不能做的革命工作，是一个天生的小英雄。　　　　　　　　　　　　　　　　（　　）

　　5. 江姐在就义前写下了"毒刑拷打是太小的考验！竹签子是竹做的，共产党员的意志是钢铁！"的豪言壮语。　　（　　）

　　6. 华子良装疯卖傻十二年，成功骗过敌人，为狱中的党组织传递了大量重要情报。　　　　　　　　　　　　（　　）

　　7. 刘思扬在狱中拒绝了敌人的威逼利诱，始终坚守革命立场，最终壮烈牺牲。　　　　　　　　　　　　　　（　　）

8.徐鹏飞最后被地下党成功策反，弃暗投明。　　　（　）

9.江姐在发现丈夫的头颅后，没有被悲痛打倒，而是迅速投入到新的革命工作中，展现了她坚定的革命意志。　　（　）

10.《红岩》中所有的革命者都与敌人进行了顽强的斗争，没有一个人屈服。　　　　　　　　　　　　　　　　（　）

四、简答题（每题 10 分，共 20 分）

1.请简要概括《红岩》中许云峰的人物形象特点，并结合具体情节说明。

_____

_____

_____

2.简述"狱中联欢"这一情节，并分析其体现了革命者怎样的精神？

_____

_____

_____

五、分析对比题（10 分）

试分析《红岩》中江姐和成岗形象的异同点，结合小说内容进行具体阐述。

_____

_____

_____

_____

参考答案

第一单元练习题

一、选择题

1.A 【解析】B. 错误，罗广斌并非因学生运动被捕；C. 错误，狱中"装疯卖傻"的是小说人物华子良（原型韩子栋），罗广斌在狱中主要参与秘密斗争，如传递消息、策划越狱；D. 错误，罗广斌是"11·27 大屠杀"的幸存者，他在大屠杀当晚成功越狱（白公馆仅 19 人脱险）。故选 A。

2.D 【解析】小说中的"江姐"主要基于真实人物江竹筠，故选 D。

3.B 【解析】A. 齐晓轩并未领导过《挺进报》；C.《挺进报》是政治宣传刊物，非文学性内容；D. 甫志高被捕的原因是没能及时识别特务，被特务渗透进沙坪书店，非因负责发行工作。

二、填空题

1. 重庆　2.1961　3. 在烈火中永生　4. 罗广斌、杨益言　5. 成岗　6. 装疯（装疯卖傻）　7. 白公馆　8. 宋振中　9. 挺进报　10. 甫志高

三、阅读分析题

本段运用环境描写的手法，通过对地窖环境的描写，让读者深刻感受到了被囚禁在白公馆地窖的许云峰处境的艰难。同时，作者通过"漆黑"、"冰冷"等词汇的运用，也暗示了许云峰的内心心境。阳光的隔绝也暗示着许云峰同其他革命者、同党组织的暂时断联。但石缝渗水的"滴答声"如同生命脉搏，既反衬地窖死寂，也暗含希望——微弱却持续的水滴，象征革命者永不放弃的信念。环境越恶劣，越能突显许云峰在绝境中坚守信仰的坚强意志，让读者感受到革命者精神的伟大力量。

四、实际应用题

本题言之成理即可，可以从以下两个角度来设计活动：

第一，编排《红岩》话剧，复现"狱中斗争"场景：学生通过演绎渣滓洞斗争等精彩片段，体会革命者的勇气与智慧；

第二，开展专题读书会，讨论"红岩精神与当代青年"：结合小说中的人物选择，探讨信仰与责任在当今社会的意义。

第二单元练习题

一、选择题

1.B【解析】"竹签钉入十指"是《红岩》中描写江姐（江竹筠）遭受敌人酷刑的经典情节，展现了她在狱中坚贞不屈的革命精神，故选 B。

2.A【解析】华子良长期伪装疯癫，成功麻痹敌人，暗中为狱中党组织传递情报，是小说中极具策略性的潜伏者形象，故选 A。

二、填空题

1. 沙坪书店   2. 许云峰

三、阅读分析题

1. 本段话突出运用**对比的手法**，将易折断的竹签与坚不可摧的钢铁相比较，突出了江姐在共产主义信仰下铸造出的坚强不屈的意志。同时本段话还运用了**比喻的手法**，将意志比作钢铁，凸显了江姐对信仰的忠贞以及对肉体苦难的超越。由此塑造了一个坚贞无畏、勇猛不屈、藐视敌人、超脱苦难的共产主义女战士形象。

2. 首先，江姐的原型是女战士江竹筠，本情节真实再现了江竹筠烈士受刑时场景，将真实事件艺术化，具有历史纪念意义；其次，江姐面对竹签酷刑，仍然毫不屈服，这种高尚的情怀凸显出江姐的英雄形象，

并且以极强的艺术感染力引起读者共鸣；最后，江姐在敌人酷刑之下，激发出比钢铁还坚硬的意志，这是对全书主题——坚不可摧的"红岩精神"的深刻写照。

四、形象分析题

本书中，主要塑造了"监狱之花"与"小萝卜头"宋振中两个主要的儿童形象，他们象征着人性的光辉与美好，象征着国家和民族的新希望，然而国民党特务却将他们囚禁于暗无天日的狱中，甚至给他们的定义也是"犯人"。这些儿童得不到正常的生长、求学环境，甚至连正常的生存环境都难以保障——他们都因营养极度匮乏而身形瘦弱、乃至有些畸形。这些儿童的处境与遭遇，深刻地反衬出敌人的可恶。敌人无情地剥夺了他们正常成长的权利，将他们困于这阴森的牢笼，使他本该纯真烂漫的童年被苦难笼罩，这凸显出敌人的残暴与毫无人性。然而就像"小萝卜头"并未被残酷环境磨灭希望那样，他在狱中积极为狱友传递消息，凭借自己的机灵聪慧，在敌人的严密监视下巧妙周旋；他对知识充满向往，在艰苦条件下努力学习，这种在绝境中仍保持向上的精神，让他成为国家新的希望的代表。尽管身处黑暗，可监狱中的孩子如同微弱却顽强的火苗，象征着即使在最艰难时刻，新的生机与希望也从未熄灭。他的存在预示着旧世界必将被打破，一个充满光明与希望的新中国即将诞生！

五、实际应用题

参考角度：

活动一．"红岩精神"情景剧比赛：选取"渣滓洞绝食抗议""绣红旗"等经典片段，学生分组演绎，通过沉浸式体验深化学生对革命者信念的理解。

活动二．跨学科主题班会：历史科解析 1949 年重庆背景，语文科分析小说象征手法，政治科探讨"信仰的力量"，构建多维度的红色文化认知体系。

第三单元练习题

一、选择题

1.C 【解析】成岗是在被捕后，在刑讯室里写下《我的"自白书"》的；

2.A 【解析】华子良忍辱负重，装疯卖傻，是《红岩》中隐藏最深的共产党员；

3.C 【解析】齐晓轩并非"绝食斗争"的领导者，他的主要事迹是领导白公馆越狱并为掩护战友而牺牲。

二、填空题

1.江姐　许云峰　2.许云峰　3.甫志高　江姐　4.彭松涛
5.华子良　6.重庆　7."监狱之花"　8.黄以声　9.李敬原
10.龙光华

三、阅读分析题

1."人们"并未受刑，但渣滓洞的难友因与江姐的革命情谊而产生强烈共情，所以他们因江姐的痛苦而感到痛苦。

2.不能替换。"挨过"强调时间在煎熬中缓慢流逝，隐含狱中同志对江姐受刑的焦虑、担忧和对敌人的痛恨。"度过"为中性词，无法传递这种情感。

3."绝望的咆哮"生动刻画了敌人在革命者面前的无力和恐惧。他们用尽手段却无法撼动共产党人的信仰，这种精神上的溃败比军事上的失败更令敌人崩溃。正如书中所说："死亡对于一个革命者是多么无用的威胁！"——敌人的绝望，恰恰证明了革命者的不可战胜。

四、略。

第四单元

二、情景阅读

1. ①《红岩》是作家罗广斌、杨益言根据自己被囚禁于国统区监狱渣滓洞和白公馆监狱的真实经历与见闻创作的一部长篇革命历史小说。

②许云峰、成岗、江姐（江雪琴）、"双枪老太婆"、"小萝卜头"……略。

③解放前夕，国民党的特务机构中统、军统等仍然在大肆破坏革命、迫害中国共产党，他们还在重庆市设立了渣滓洞、白公馆两大集中营。《红岩》围绕这一历史背景，描写了以许云峰、江姐为代表的革命党人与特务不懈斗争的故事。

④《红岩》以解放战争时期重庆地下斗争为主线，刻画了江姐、许云峰等共产党人面对酷刑利诱仍坚守信仰的革命群像。作品既揭露国民党统治集团的腐朽残暴，也昭示正义必胜的历史规律。通过再现革命者的钢铁意志与牺牲精神，激励后人铭记历史、传承奋斗品格，在民族复兴道路上续写新时代篇章。

⑤《红岩》是一部具有重要文学地位的红色经典作品，它兼具历史记录性与文学艺术性，出版后迅速成为革命教育的范本，被誉为"共产主义教科书"。

2. 注：本题目无固定答案，言之成理即可。答题示例：

我设计这个封面，主要从以下构思：

①本书书名为《红岩》，是一本红色经典小说，故而我选择红色为本书主色调。本书天空占据画面的大部分，所以我将天空设计为红色。那红彤彤的天空，不仅象征着革命者为争取胜利流淌出的鲜血，更象征着战争胜利前黎明的曙光。

②另外，我还设计了有松柏生长的醒目的红色岩石。红色的岩石直接呼应书名《红岩》。它既是革命地理坐标重庆"红岩村"的象征，也是"红岩精神"的物质载体。而挺拔的松树正是不屈不挠、勇毅坚韧的

革命者的象征，它们生长于红岩之上，一方面说明它们在恶劣环境中依然坚守，另一方面，也说明它们生命的养分正是来自红岩，就像革命者的灵魂被红色信仰所滋养那样。

③另外，封面中诸多人物形象，是书中众多革命英雄的写照。他们有着不同的姿态，却都展现出坚定的神情。

3.文段1 该文段属于江姐的心理活动。该心理活动产生于江姐将要去往华蓥山根据地时，路过城门，竟然毫无防备地看到了丈夫彭松涛的头颅被敌人悬挂在城楼上。此前彭松涛一直在川东地区领导革命武装斗争。"双枪老太婆"等同志怕江姐得知消息心里难受，于是隐瞒消息，不忍告知她。然而，她在全无心理准备的情况下目睹一切，心痛不已。在这巨大的悲痛中，她甚至产生了这是"敌人的欺骗"的错觉。

文段2 该文段属于许云峰的心理活动。许云峰产生上述心理活动的背景是：他因被叛徒出卖而被捕，被国民党反动派辗转囚禁于渣滓洞、白公馆两所集中营中。上述心理活动产生于他被囚禁于白公馆的地窖之时。在这里，他看不到丝毫日光，被迫和同志们隔绝，但许云峰依然用他独有的方式与特务斗争：他试图挖一条地道，为同志们开辟逃生之路。

练习题

一、选择题

1.B 【解析】A.有误，《资治通鉴》是一部编年体作品，不是纪传体。B.正确。C.有误，"离死亡只差一步的老马和小马"不正确，小说中的小马死了；不给仆人饭吃的是杨太太，不是曹太太。D.有误，《红岩》讲述的是重庆地区地下党人英勇斗争的故事，不是南京地区的；甫志高是叛徒，不是意志坚定、形象高大的共产党人形象，故选B。

2.D 【解析】选项D.有误，"程途八百里，朝去暮还来"描述的是神行太保戴宗的日行千里之能，并非"青面兽"杨志的特征，故选D。

二、填空题

1. 成岗   2. 刘思扬

三 . 略。

综合测试题

一、填空题

1. 罗广斌   2. 甫志高   3. 江姐   许云峰   4. 龙光华   5. 成岗   6. 中共地下党员   7. 刘思扬   8. 黄以声将军   9. 许云峰

二、选择题

1. C【解析】A. 刘思扬但在越狱时中弹牺牲；B. 齐晓轩为掩护同志突围，故意吸引敌人火力，最终牺牲于红岩；C. 华子良趁买菜时间出逃，为解放军做营救狱友的向导；D. 成岗受尽酷刑仍不屈，最后与许云峰一起被敌人杀害。故选 C。

2. C【解析】A. 甫志高是叛徒；B. 郑克昌是特务；D. 魏吉伯是特务，故选 C。

3. A【解析】B. 黄以声将军教授"小萝卜头"知识，故错误；C. 程度夸张，正确表述为挖通一条地道；D."小萝卜头"为狱友传递信息。故选 A。

4. B【解析】江姐被关押在渣滓洞，故选 B。

5. C【解析】华子良受罗世文安排，装疯卖傻隐藏身份，故选 C。

6. B【解析】成岗在被捕前，将藏在扫帚挂在窗外，故选 B。

7. A【解析】江姐被捕的直接原因是被叛徒甫志高出卖，故选 A。

8. D【解析】成岗在狱中写的诗《我的"自白书"》是为了表达个人信念，故选 D。

9. C【解析】"小萝卜头"在狱中为狱友传递重要消息，为革命作出巨大贡献，故选 C。

10.C 【解析】《红岩》强调集体主义，故选C。

三、判断题

1.√　　2.×　　3.×　　4.√　　5.×

6.√　　7.√　　8.×　　9.√　　10.×

四、简答题

1.许云峰是一个意志坚定、有勇有谋、舍己为人的共产党员形象。他在面对敌人的审讯时，毫不畏惧，以坚定的信念和智慧与敌人周旋，如在被甫志高出卖后，他沉着冷静地应对敌人，保护了其他同志的安全；在狱中，他凭借顽强的毅力用手挖通地牢，为狱友们开辟了一条潜在的逃生通道，体现了他的勇敢和智慧；当敌人要将他转移到别的地方时，他为了保护其他同志，毅然决定自己留下来，最终壮烈牺牲，展现出舍己为人的高尚品质。

2.“狱中联欢”发生在新年之际，渣滓洞的难友们利用敌人放松警惕的时机，举行了一场特殊的联欢活动。他们表演歌舞、双簧，贴对联、写诗词等。这一情节体现了革命者在残酷的监狱环境中，依然保持着乐观向上的精神风貌，他们用欢笑和娱乐来蔑视敌人的压迫，展现出对生活的热爱和对革命胜利的坚定信心，同时也表现出他们团结一心、顽强不屈的斗争精神，即使身处困境，也绝不向敌人屈服。

五、分析对比题

相同点：

坚定的革命信念：江姐面对丈夫的牺牲和敌人的残酷折磨，始终坚守革命立场；成岗在敌人的威逼利诱下，也绝不泄露党的机密，二人都对共产主义事业有着坚定的信仰，为了革命理想不惜牺牲一切。

顽强的意志：江姐在遭受竹签钉手指等酷刑时，坚贞不屈；成岗被注射麻醉药物审讯，依然凭借顽强意志保护党的秘密，都展现出强大的精神力量。

不同点：

性格表现：江姐更加细腻温柔，她对同志充满关怀，如关心狱中女同志的生活，同时又有着坚韧果敢的一面，面对敌人毫不畏惧；成岗则更显坚毅刚强，他在工作中积极主动，为了革命事业全身心投入，在被捕后坚决斗争，宁死不屈。

斗争方式：江姐主要负责地下联络工作，在川北地区为革命事业奔波，注重与同志间的联系和情报传递；成岗主要负责《挺进报》的印刷工作，通过宣传革命思想来发动群众，二人从不同角度为革命事业作出贡献。